宝塚歌劇から東宝へ
小林一三のアミューズメントセンター構想

伊井春樹

ぺりかん社

宝塚歌劇から東宝へ

——小林一三のアミューズメントセンター構想——

＊目次

目次

目　次

カバー写真
『東宝三十年史』より日劇会館

一　宝塚少女歌劇の初舞台

宝塚パラダイス劇場

箕面《みのお》有馬電気軌道鉄道は、明治四十三年（一九一〇）三月十日に、大阪の梅田から箕面、宝塚へと、一両の電車ながら運行を開始した。小林一三《いちぞう》にとっては、苦境の中での出発だっただけに、感激はひとしおである。ただ、当初路線を申請した、豊臣秀吉も満悦したという有馬温泉までの延伸は、山を開削しなければならないという難工事もあり、すぐには実現できなく、梅田から四十分の宝塚が途中駅となる。当面は終点の箕面の開発に力を注ぎ、乗客増をはかっていく。

箕面は古くから紅葉の名所として、また滝でも広く知られた行楽地である。駅前には広場を造成してグラウンドや遊具施設を置き、一角には催しや演劇のできる公会堂を建て、背後の小高い山は自然動物園とする。山の坂道を歩きながらさまざまな動物の姿を楽しみ、子供の喜ぶ仕掛けの工夫をし、山頂には翠香殿《すいこうでん》という野外演芸場も設ける。公会堂では物産会から工芸、美術品の展示、演劇を催し、翠香殿では動物園に入ると観覧無料のお伽芝居、舞踊、音楽隊の演奏、落語などが演じられる。明治四十四年十月十日から三十日までは「山林こども博覧会」を、駅前広場、公会堂、翠香殿を用いて開催する。これには大阪から、家族連れが続々と訪れ、臨時電車も走らせるほどの人気となる。

宝塚まで箕面有馬電気軌道鉄道が開通すると、それまでの阪鶴鉄道（JR福知山線の前身）との相乗効果もあり、鄙びた温泉地はにわかに活気を帯びてくる。これに注目した小林一三は、すぐさま武庫川の埋立地に宝塚新温泉の建設に着手し、一年二か月後には宝塚新温泉を開業する。その宣伝には新聞の広告欄を活用するのだが、電車正面の枠をシルエットにし、一見しただけで箕面有馬電鉄と分かる凝りようである。新聞には時機に合せた情報を提供したのか、電車沿線の行事が記事になるなど、新しいメディアをフルに活用しての効果的な宣伝方法は、以後も小林一三の得意とするところであった。

箕面動物園で家族とともに遊び、電車を乗り継いで宝塚新温泉を訪れ、大人五銭、子供二銭の入浴料でゆったりと一日を過ごす、それが新しい生活スタイルの提案であった。「東洋一」と謳《うた》う大理石の大浴場、「三十万円」をかけたと、その豪華さを売り文句にし、とりわけ女性の化粧室は広く取り、大きな鏡を置き、化粧品の会社とタイアップして効能と人気ぶりをかき立てる。

人が集まってくると、納涼台で活動写真を催し、花火を打ち上げるなど、翠香殿と同じような演芸を、入浴客には無料で見せる。訪れる多くの客を逃す手はなく、次に打ち出したのが、大正元年七月一日からオープンする「宝塚新温泉内娯楽室パラダイス」だった。箕面公会堂や動物園でも一部していたが、ここでは本格的に子供の喜びそうな「風穴めぐり」「珍機械室」「室内運動場」「不思議室」などと、家族で楽しめる施設を充実させる。子供が興味をそそるとなると、親子連れが多くなってくる。一日ゆっくりと遊べる場所、後にオープンする宝塚ファミリーランドに通じる、複合遊覧施設の歩みがすでに始まっていた。また小林が〈家族〉をテーマにするのは、その後の東宝の演劇映画の基本となる姿勢でもあった。

宝塚パラダイスの目玉は、何といってもまだ世間では珍しい室内プールを設けたことだった。当時公表された設計計画によると、劇場兼公会堂用として建てられ、夏場だけ水を入れてプールにも転用するというのである（「大阪朝日新聞」大正元年六月三十日）。それだけにプールの底は、腰までの浅さから二メートルを越える深さになるという、泳ぐには不適切な形状をしていた。逆にその落差を売りものにし、子供から大人まで楽しめるプールと宣伝をする。

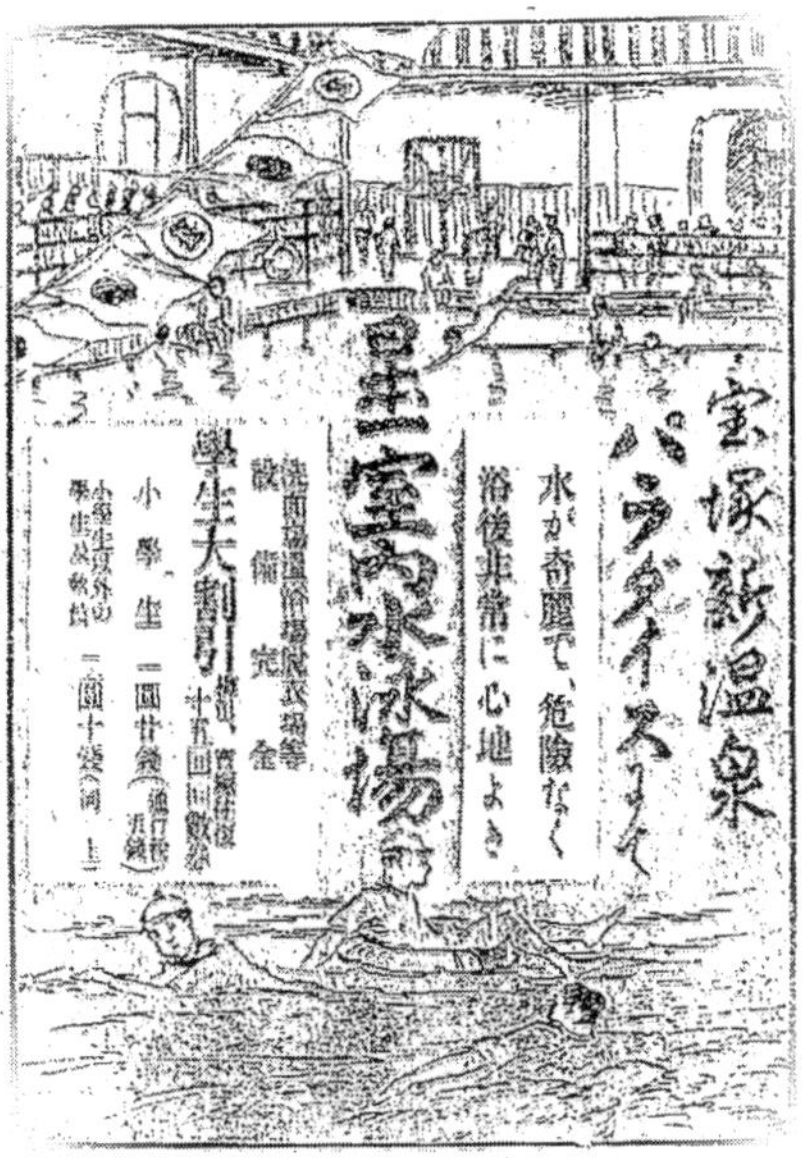

室内水泳場の広告「大阪毎日新聞」
大正２年７月27日

プールは七月から八月末までの二か月、温泉で体を温めて利用するというのだろうが、温水ではなく地下水だけに、冷たくて五分と泳ぐことができなかったという。風紀上から男女の共用は許されなく、それぞれの遊泳時間帯を設け、しかも互いに見物はできなかった。これでは利用者が増えるはずはなく、休日ごとに催し

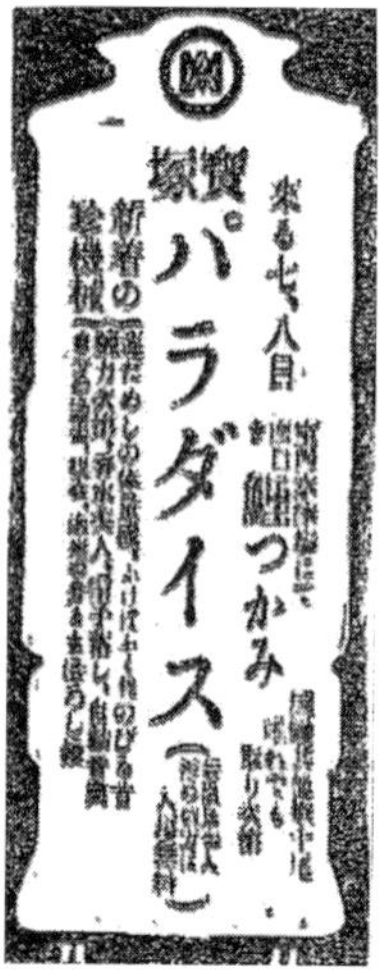

鯉の摑み捕り「大阪毎日新聞」大正元年9月6日

た、水泳教師による泳ぎのショーがもっぱらの話題になったようだ。水の冷たさだけではなく、新温泉とは別に、室内水泳場を利用するには、小学生一円二十銭、学生や教員になると二円十銭という料金の高さも、敬遠された要因だったのであろう。

夏が終わると水を抜き、プールの底には板を敷いて客席とし、脱衣場は舞台に早変わりしたのは、本来劇場としても設計していたためで、目的通りの使用となる。水泳プールとしての利用期間が終わると、すぐさま水を捨てるのはもったいないと思ったのか、舞台に模様替えする前の九月七日、八日には、もう一工夫して客集めをする。プールに鯉を放流し、摑《つか》み捕りの催しをするというのだ。入場無料で捕り放題というだけに、泳ぎの達者な者は鯉と水中で格闘しながら競泳するショーが展開することになった。それを見物しようと客席にも人を呼び込んだはずだが、どれほどの話題作りに寄与したのか、翌年も継続したのかは不明である。これなど、歌舞伎の好きな小林一三は、通し狂言『雙生《ふたご》隅田川』大詰めの、奴《やつがれ》軍介《ぐんすけ》が掛け軸の絵から抜け出た鯉を、大奮闘して摑《つか》みとる舞台を、プールの水抜きに取り入れたアイデアではないかとも思いたくなる。

プール劇場

鳴り物入りでオープンしたパラダイスの屋内水泳場は、水の冷たさから失敗し、舞台に転用して宝塚少女歌劇が誕生したというのが、これまでの伝説化された話であり、発想の逆転として称賛もされてきた。小林自身も、おもしろそうにその話をしているだけに、後世の者は従わざるを得ない。失敗だったとしながら、大正二年の夏も同じく二か月間プールとして開放する。二年続けて水を入れて新しい趣向を試みてみたものの、思ったように入場者は増えない。平行して少女たちによる音楽隊を結成し、翌年からはプールを諦め、本来の舞台に戻しての公演をしたにすぎない。

宝塚パラダイスについて報じた新聞記事によると、中央の空間は劇場の客席とし、二階の四方は桟《さ》敷席《じき》、屋上は納涼のスペースに用いるよう設計していた。プールの水を抜く前には、「鯉つかみ」の趣向を凝らし、十月からは演芸場となる。箕面動物園山頂の野外劇場と同じ方法を用いており、十月六日の日曜日には「子供大会」として、「少年少女の琵琶、浄瑠璃、尺八、琴」の披露、一方の宝塚パラダイスでは、東京の女優による美人劇「幻」が開かれる。パラダイスで演芸をしたのはこれが最初のことで、宝塚新温泉の入浴客は無料とする。十月十日の広告には、「パラダイスにて東京女優登場、綺麗な芝居」と、新温泉の宣伝をするが、当然のことながら大阪から電車に乗って訪れる客への誘いでもある。

箕面は観光地として電車の乗客を呼び寄せるには有効で、紅葉や松茸狩りの自然を強調し、箕面公会堂での「全国南宗画展覧会」、動物園の珍獣を宣伝し、十月十七日には翠香殿での乃木大将話、余興の「御伽《おとぎ》狂言と御伽曲芸」といった企画である。宝塚も温泉で盛り上げ、東京の女優による美人劇などは十一月十七日の新聞広告によると、「演舞場にて毎日開催」とするので、かなり長期間の公演だった。これが見たければ、電車に乗って宝塚を訪れ、温泉に入るという仕組みである。

大正二年になると、二月には「パラダイス演芸大会」、三月二十三日から五月二十日までは、かなり規模の大きな「婦人博覧会」、それにあわせて理想とする住宅案を募集する。演舞場では婦人問題講演会が催され、上田敏《びん》や菊池幽芳《ゆうほう》等が登壇し、余興では「大丸少年音楽隊」の演奏、「婦人風俗活動写真」といった、多彩な企画によって乗客増をはかる。パラダイス劇場は、婦人の日常生活に焦点を当てた慈善バザーの会場ともなり、予定を延長するほどの人気を呼び、女性問題を啓発する社会的な話題提供も果たしていく。「元始、女性は太陽であった」と述べたのは平塚らいてう、大正時代に入ると女性解放問題、新生活運動が活発になるが、宝塚はまさに世の動きを鋭敏に受けた発表の場だったといえよう。

婦人博覧会の会期中には、バザーに続いて「菊田検校《けんぎょう》箏曲大会」「堀江美人浄瑠璃大会」、さらに「舞踊大会」「女優劇」「活動写真」と、広告にあるような「花やかなる余興」が毎日続く。四月二十一日からの五日間、電車の乗客には「有楽座女優家庭劇」の無料観劇、五月一日には「新町美人舞踊会」、五月十日からの三日間は「名古屋美人大舞踊会」等々、二度目の夏を迎えると七月十日から宝塚パラダイスは、「室内水泳場」に姿を変えるというあわただしさである。

小林一三が帝国劇場でのオペラ「熊野《ゆや》」を見たのは大正元年二月、そこから日本の演劇のあり方を考えるようになり、宝塚少女歌劇の創設へと結びついた。箕面の翠香殿は山頂だけに限界があり、大正元年七月に宝塚パラダイスが竣工すると、夏の間はプールとして人々の関心を引き、それが終わるとすでに見てきたように劇場に改装して各種の演芸をし、公会堂としての役割を果たしていく。

「箕面有馬電気軌道鉄道」が株式会社として発足したのは明治三十九年一月、箕面と宝塚までの路線が開通し、営業を始めたのは明治四十三年三月であった。あくまでも宝塚は、有馬延伸の途中駅にすぎなかった。ただ箕面は山あいに位置するだけに、これ以上拡張して乗客を呼び込むには限界がある。大正二年六月、さまざまな経緯があったのだろうが、有馬行きを断念し、宝塚を終点駅とする。そうなると、今まで以上に宝塚の娯楽施設を充実させる必要がある。東京などから女優たちを招いて演劇をするにしても、交渉や費用の面から問題が多い。自前で舞台人を持つのがもっともたやすく、自分の演劇への思いも実現できると、小林一三は七月に少女だけによる宝塚唱歌隊を結成し、十二月には宝塚養成会とし、器楽とともに声楽、舞踊の訓練をさせることになる。翌年の四月一日から宝塚パラダイスの舞台を踏むようになったのが、宝塚少女歌劇団であった。

箕面と宝塚との二つの施設を維持するのは困難との思いから、大正五年三月には箕面動物園を廃止し、八年三月には箕面公会堂を宝塚に移築して歌劇の本格的な新劇場とする。活動の中心を宝塚にシフトし、演劇と娯楽の新しい場所として開発していった。

大正二年八月末にはプールを閉じ、劇場専用とするにしても、少女たちの演劇集団は発足したばかりの素人集団にしかすぎなく、まだ公演はできない。東京上野音楽学校の安藤弘・知恵子夫妻、ピアノの高木和夫、それに振付の久松一声《いっせい》など、専門家を招いての特訓中とはいえ、とても舞台を踏ますわけにはいかない。再び九月からは、「ただで見られる余興」として「北陽美人舞踊会」「盆踊と大笑会喜劇」「宝塚舞妓大舞踊会」、十月からは前年も招いた東京の女優による「パラダイス美人劇」の「幻」、翌年の二月には「新温泉パラダイス舞妓舞踊会」を開く。四月一日からの「婚礼博覧会」余興として、現在では歴史的な歌劇第一歩の、プール劇場ともいうべき舞台に、宝塚少女歌劇の「ドンブラコ」が披露されたのである。無料の余興にすぎないといっても、舞台公演の演技は手を抜くことなく、少女たちはプロの教師たちによって育てられる。宝塚少女歌劇団が消滅することなく、その後も成長し続けて人々に支持されていったのは、少女たちが本格的な技芸を身につけ新しい舞台の創作に挑戦し続けたことによる。

各地での公演

大正三年四月一日からは、女性の関心をさらに高めようと「婦人博覧会」に続いて「婚礼博覧会」が催され、パラダイス劇場では、前年の八月以来五人の音楽家と三人の教師により育成された、十七人による少女歌劇団の初舞台となった。「ドンブラコ」四幕、楽器演奏、合唱と独唱、天女のようなダンス、それは余興の域ではなかった。わずかに十か月足らずの猛練習による成果で、とりわけ高峰妙子、外山《とやま》咲子《さきこ》、雲井浪子等の七人は、新聞評によると「天才」のことばまで冠せられての称賛となる。

　少女たちが話題にされたとはいえ、「婚礼博覧会」の余興にすぎなく、新聞ではもっぱら催し物の内容記事が中心になる。婚礼のジオラマ、儀式の進め方、婚礼の諸道具、「諸国婚礼風俗」の詳細な解説が続き、末尾に「午後の歌劇といふ添物《そえもの》は、教育家もお伽《とぎ》家も真面目に見て置くべき必要があると思ふ」と付記する程度であった。ただ日を追うごとに変化するのは、「婚礼博覧会余興」としながらも、広告は「日本で初めての少女歌劇」のことばが中心に置かれ、大きな活字で紹介されるようになったことである。

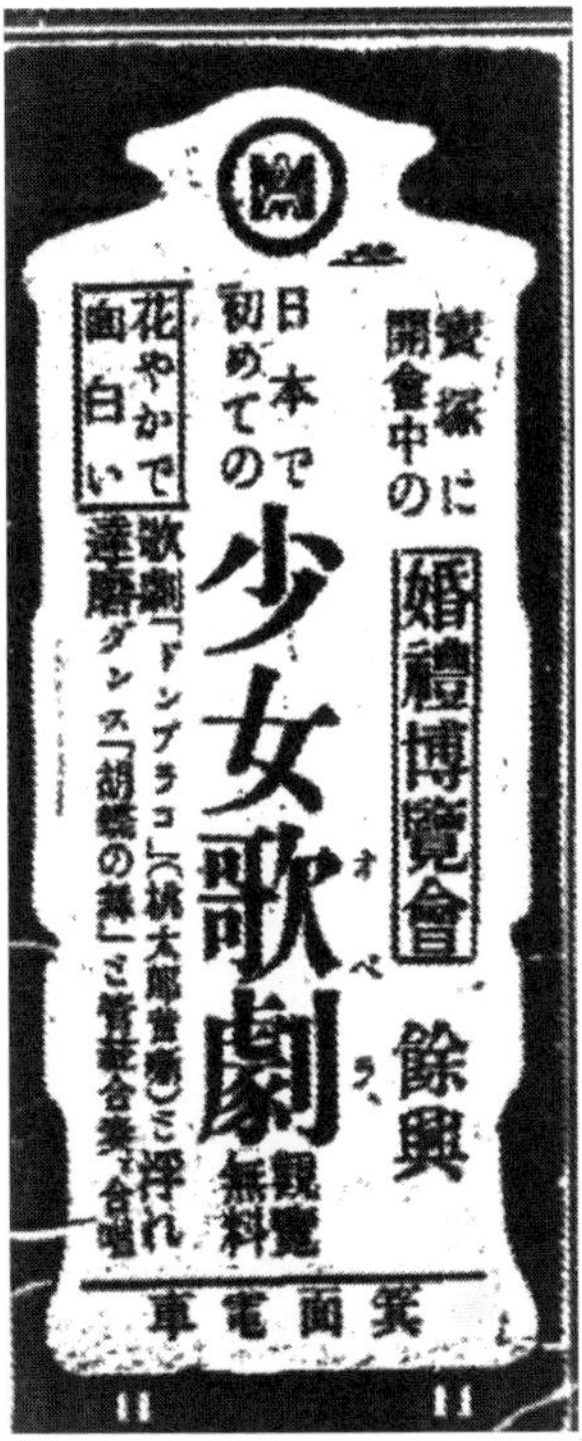

宝塚少女歌劇「大阪朝日新聞」大正3年4月25日

　宝塚少女歌劇の第一回は四月一日から五月三十日、第二回は八月一日から三十一日まで、第三回は十月一日から十一月三十日までといった進行で、初年度は三回公演であった。この年からは室内プールの再開はなく、もっぱら劇場として用いられ、少女歌劇の公演がなされない日は、これまでと同じく「芸妓大演芸会」「堀江美人演芸会」などによって舞台を埋め、花火大会も恒例になるなど、宝塚新温泉への客を呼び込む方法としては演芸が主要な役割を果たしてくる。

宝塚少女歌劇が大きな転機となったのは、発足した年の十二月十一日からの三日間、「大阪毎日新聞」主催による慈善団巡回病院寄付を目的とした北浜帝国座での「少女歌劇会」であった。一等席一円、二等席五十銭という入場料ながら、連日の大入り満員、少女たちの可憐な演技に人気は沸騰する。そこでは「花の如き少女」と称えられ、とりわけ高木妙子の声楽、雲井浪子の軽快な歌劇、ダンスの由良道子、バイオリンの関守須磨子、ピアノの八十島楫子《かじこ》、マンドリンの小倉みゆきなどと、それぞれの得意な分野を強調して写真入りで報道され、一年目にしてスターへの道を歩み始める。

「大阪毎日新聞」による慈善団巡回公演は好評を博し、大阪市内だけではなく、呉、岡山、広島にも出かけるなど、ますます人気が広がるとともに、電車に乗って宝塚まで足を運ぶ観客も増えてくる。好評になるにつれ、京都や神戸の劇場での公演、藤田伝三郎の須磨の別邸、京都御苑内にあった賀陽宮《かやのみや》邸、大阪市内の住友男爵邸の私宴にも訪れ、少女たちは可憐な舞や歌、楽器の演奏を披露する。そのほかホテルの宴会や余興にもしばしば招かれ、一座の雲井浪子《くもいなみこ》、篠原浅茅《しのはらあさじ》、大江文子《おおえふみこ》の人気に、男女の学生が学校を休んで見物に訪れるというありさまだった。

パラダイス劇場では、「浦島太郎」「舌切雀」「竹取物語」等の子供も楽しめるお伽歌劇、それにダンスを中心とする内容で、年末の慈善会も含めると年に五回の公演を定例とし、後は練習に時間を注いで新作の披露に備え、宴会などへの出演はすこしずつ控えるようになる。それとこれまで合間にしていた、「美人劇」とか「芸妓舞踊会」といった、他から招く公演はなされなくなる。

宝塚少女歌劇団は、あくまでも集団としての舞台をめざしたとはいえ、当初から一人一人の個性豊かな少女の人気が出てくると、ブロマイド、舞台写真、「宝塚楽譜」「宝塚歌劇集」といった関連する商品も開発し、売店で販売して相乗効果をはかっていった。かつては観光地を訪れると絵葉書を購入したように、箕面動物園の数々、広場の遊具、駅前の公会堂、宝塚の少女、それに施設の写真も数多く作られて客の購買欲を誘う。

宝塚歌劇男子部

小林一三がパラダイス劇場を軸に少女歌劇団を創成したのは、宝塚までの電車の乗客増を図り、結果として新温泉への入浴客を呼び込む手段としての余興にすぎなかった。しかしたんなる見世物にするつもりはなく、あくまでも歌舞伎の西洋化により、新しい国民劇の創設を目指し、余興ということばとはほど遠い、各分野の専門家を招いての本格的な演技指導を実施していく。温泉に入れば無料で観劇できるとはいえ、安易な内容ですませるのではなく、長い視野を見すえての演劇改良の試みでもあった。

お座なりではないだけに、浴後のくつろぎにすぎないとの観客の思いは一変し、その新鮮さに強く心引かれるようになる。入浴客へのサービスとしての余興は、温泉への人気とともに、少女たちの演劇が話題を呼び、開始した年の末には、宝塚という辺鄙な温泉町から大阪市内への進出を果たし、各地にも招かれるという評判となる。しかもお伽噺を演目にすることによって、子供の関心をそそり、家族そろって訪れるという手法は、すでに箕面の地でも実証してきたところである。

プールを改装したパラダイス劇場での旗上げから四年目、大正七年には東京の中心に位置する帝国劇場で公演するという壮挙を果たし、宝塚少女歌劇は名実ともに演劇界に新しい風を吹き込むようになる。少女による歌舞伎の洋風化という試みに、演劇の専門家も関心を示し、成長していくのを楽しみにする。小林一三は、「素人集団にすぎない」と謙遜するものの、新しい日本の演劇をどのように育てていけばよいか、虎視眈々と夢の実現へ向けて狙いを定めていた。

小林自身にいつも問われ続けたのは、なぜ女性だけなのか、男性も入れて演ずるのが自然であり、そこに新しい演劇の発展性があるとの意見であった。歌舞伎は男性の世界という長い伝統があり、すでに認知された演劇世界を形成しているとはいえ、西洋音楽と踊りを取り入れた、歌劇という分野に挑戦する上において、小林一三自身も少女から女性へと成長する姿を目にするにつけ、男性の加入による演出に心が動かされることもあった。新陳代謝があるにしても、演劇の完成度を求めていく上で、いつまでも「少女」を売り物にするわけにはいかない。

今日よく知られているのは、第二次世界大戦直後の昭和二十年十一月と十二月に第一期生として四名の男子生徒を入学させたことであろう。

戦争の激しさから、宝塚歌劇の継続ができなくなり、昭和十九年三月四日の雪組公演「翼の決戦」

で、観客の熱狂を帯びたまま閉幕し、「宝塚音楽舞踊学校挺身隊」の結成、そこから「勤労報国隊」「歌劇移動隊」として、少女たちは各地に分散する。昭和十九年四月に大劇場は閉鎖、海軍に接収され、演劇はできなくなる。それでも小林一三は、宝塚映画劇場を改造し、二十年四月から「清く正しく美しく」の思いから、宝塚歌劇を「芸術報国」の領域に踏み出したいと願う。五月から自らも「つまらないもの」と不満足な内容ながら、ともかくほそぼそと宝塚歌劇の再開となる。進駐軍から宝塚大劇場の解除を受けたのは、昭和二十一年二月のこと、以後は現在までのさまざまな挑戦が続けられて人々の心を楽しませる。

激しい爆撃、宝塚沿線の住宅街も各所で焼失するなどの被害を蒙り、路線も破壊されはするが、緊急の復旧工事によってどうにか電車は走らせる。そのような中でも宝塚映画劇場での公演は維持し続け、七月三日の久松一声の三回忌法要と演劇、八月九日も宝塚へ見物に出かけるなど、小林一三にとって歌劇の公演は執念の思いであった。東京の劇場の被災の状況も気になるところで、敗戦という結果になったとはいえ、演劇活動はそこからがまたさまざまな難題が押し寄せてくる。進駐軍が宝塚映画劇場を差し押さえ、公演はすべて停止となるが、十月には再開を果たし、梅田の北野劇場でも月雪花の合同公演をするなど、徐々に戦後の混乱も落ち着いてくる。宝塚大劇場でも進駐軍の慰安公演が催された後、接収されて使用できなくなる。それでも宝塚歌劇団は自主的な公演が可能となり、すっかり戦時色のない新しい演目を舞台にし、娯楽に飢えていた人々の心を充たしていた。

昭和二十年九月十一日、小林一三は宝塚音楽学校を訪れ、先生たちと将来のありかたについて話をする。まだ硝煙の燻《くすぶ》るようななか、先生ならずとも生徒たちも、将来の見通しのない不安な思いでいただけに、小林の新しい戦後の演劇を改革して続けようとのことばに、燭光を見る思いで、元気づけられたはずである。具体的な話の内容は不明とはいえ、小林はかねて持論の国民劇の創成を、新しい息吹とともに立ち上げようといった話だったのであろう。模索する一つに、男女による歌劇団の試みがあった。

昭和二十年暮の公募による四名に続き、以後二年にわたって三期生までの十三人の入学を認める。声楽以下女性たちと同じ課目のレッスンに励み、デビューを目ざしたが、舞台裏でのコーラスにとどまり、男女混成の演技を披露することなく、昭和二十九年に解散となる。女性だけの劇団として培ってきた歌劇だけに、混成では違和感は免れず、多くのファンからの反対もあり、これまでの方針の踏襲を堅持することになる。

退団した男子生徒の一部は、昭和二十五年十一月に発足した宝塚新芸座に加わるとか、芸能界からの引退をするなど、それぞれの道を歩んでいった。なかには、身に着けた芸を生かして、西野バレエ団を始めた西野皓三もいた。

実はこれよりずっと以前に、男子部を設け、具体的に生徒を入学させていたことがある。宝塚少女歌劇は、発足して四年目の大正七年五月に帝国劇場で公演するという、念願の東京進出を果たし、しかも五日間ながら連日の満員で好評を博する。この勢いに乗じ、さらに新しい演劇世界を切り開こうとの思いがあったのか、翌年には宝塚音楽学校に専科を設け、二期にわけて八人の男子を入学させる。

男女混成部の結成には、愛好者からも批判が続出する。しかも大正八年三月に、箕面公会堂を宝塚に移築して新歌劇場ができると、少女たちを新しい歌劇チームの第一部と、プール劇場でのお伽歌劇をもっぱらとする第二部とに分けての公演となる。客の大半は新劇場に集中するという現実に、少女たちの心の分断も引き起こす結果に、小林一三自身失敗だったと自省し、少女歌劇のさらなる進展を誓い、男女の混成はしないと宣言して、男子部は一年も持たず解散する。

「歌劇」誌の読者からは、男女混成演芸部のために大金をはたき、少女歌劇を二部にして破壊したとまで、痛烈な批判が寄せられる。評論家でもあった高柳有美は、男女混成の演劇部を創設するため一万円も用いて男優の育成に力を注ぎ、結果として少女劇団を破壊するにいたったと述べる。一方では、小林一三は投入した資金を未練もなく棄て去り、少女たちを救う決断をしたとも称賛する。具体的にどのような動きだったのか不明ながら、発足した当初だけに、内部においても路線の違いや対立などが生じていたのであろう。

男子部はわずかに十か月で消えたとはいえ、この部員の一期生からは劇作家、演出家として宝塚歌劇の基礎を築いた堀正旗《せいき》、新国劇《しんこくげき》の辰巳柳太郎《たつみりゅうたろう》が育ち、二期生からは新しい歌劇の存在には欠かすことのできない白井鐵造《しらいてつぞう》と岸田辰彌《きしだたつや》が生まれたことを思うと、無駄な投資ではなかったといえる。

二　雲井浪子の結婚

坪内士行と雲井浪子

温泉客の余興として出発した宝塚少女歌劇団は、評判になるにともない、温泉よりむしろ主役の場に躍り出る。発足した年の十二月、いわば辺鄙な田舎の宝塚から、大阪市内に出向き、北浜帝国座という晴の舞台の慈善事業公演会の催しは、小林一三にとっても望外な思いであったろう。入場料を徴収しながらも家族連れの人々が押し寄せ、人気が沸騰するという社会現象は、その後の宝塚少女歌劇団のありようを大きく変える契機となった。一年目にして、少女たちは温泉客を相手にするのではなく、独立した演劇集団として世に認められたのである。

人気女優として成長していった、第一回の「ドンブラコ」にも出演した雲井浪子と、宝塚歌劇団の劇作家で演出家でもあった坪内士行《つぼうちしこう》とが結婚するという噂は、世間へ大きな話題を提供することになる。この種の話は、現代の女性週刊誌やメディアが大きく取り上げるのと変わりなく、先蹤《せんしょう》的な存在ともいえる。話題性を持つこと自体が、宝塚少女歌劇が世間に認知されていたことを意味する。

坪内士行は明治二十年生まれ、近代演劇界の巨匠ともいうべき坪内逍遥《しょうよう》の甥、七歳で養子に迎えられ、ハーバード大学に留学して演劇を学び、六年後に帰国するが、アメリカ女性マッグラルド・ホームズが後を追いかけて来日する。逍遥は士行と結婚させるべく、渡米している間に養女を迎えて待っていたのだが、別の女性の登場で破談になってしまい、親子関係も解消するにいたる。士行は逍遥邸を離れ、ホームズと同居生活をしていたものの、異国生活になじめずアメリカに帰国してしまう。このような経緯の後、士行は宝塚少女歌劇団に参加して創設にもかかわり、演出、劇作も担当するようになる。人気女優となった雲井浪子と結婚することになっただけに、話題は沸騰する。

二人の結婚には反対の意見も多く、「歌劇」には「坪内氏の結婚問題に就て小林校長の反省を促す」といった記事が掲載されるほどであった。三越呉服店では、同じ職場の店員間の結婚は許されていないといった例まで持ち出し、劇団内の二人は許されるべきではないともいう。小林一三はそのようなさまざまの見解に対し、

いろ〳〵の意見が来て随分猛烈な攻撃がありました。然しいづれも厚意を以て御注意下された我宝塚少女歌劇の同情者の熱誠に対して、此機会に於て敬意を表し感謝致す次第であります。

とむしろ謝辞を述べ、「本人の幸福」を優先した結果で、歌劇団の今後には影響を及ぼさないように尽力すると表明する。これによって、結婚反対の声は沈静化していく。

宝塚少女歌劇のファンは浪子の結婚話で持ちきりとなり、その噂も冷めやらぬ間に、今度は「可愛い顔をしてゐる吉野雪子《よしのゆきこ》とこの舞踏教師の楳茂都陸平《うめもとりくへい》氏と縁談の下相談が着々と進んでゐるとやら」

浪に千鳥の裾模様
雲井浪子さんの嫁入姿
今日愈々坪内さんへ
この目出度い前日に

雲井浪子の結婚式「大阪毎日新聞」大正８年７月21日

（「新演芸」大正八年十月号）と、新たな話題にまた騒然となる。陸平は楳茂都流の舞踊家、子弟とはいえ、浪子も雪子も二十歳を過ぎた結婚適齢期ながら、これほど騒がれるのは、宝塚歌劇の人気ぶりの裏返しでもあろう。

坪内士行と雲井浪子の結婚式は、大正八年七月二十一日に、かつて大阪市西区靭《うつぼ》に存した大神宮において、小林一三の媒酌によって挙行される。噂の二人を見ようと、二百人ばかりの人だかり、中には制服姿の中学生まで押し寄せるという騒動ぶりである。

「大阪毎日新聞」にも写真入でニュースになり、あでやかな波に千鳥の裾模様の、黒の薄い絹織物の三枚重ね、雪と波をあしらった帯、文金高島田の花嫁姿は、まるで舞台を見ているようだと評する。なお、この結婚について、坪内逍遥は承認したものの、籍は抜くことになったと、坪内士行は『越しかた九十年』で語っている。

舞台人の浪子

雲井浪子は宝塚少女歌劇の「女王」とまで評されていただけに、舞台から姿を消すことは、一部の者にはとても許せない思いだったのであろう。大阪の運動記者クラブが、大阪医科大学教授の木下東作博士（後に毎日新聞部長となる）を会長に担ぎ出し、競技会の資金集めのためなのか、中央公会堂で宝塚少女歌劇の公演を主催したことがあった。記録からすると大正八年六月十七日であろうか、プログラムに雲井浪子の名前が出ていながら、当日になって登場しない。運動記者が大いに立腹し、当時宝塚音楽学校の校長だった小林一三に抗議すると、自ら舞台に立ち、「雲井は結婚のため出演できません。代わりに、はるかに上手な小倉みゆきにやらせます」とあいさつをしたという。直後に、宝塚線の十三《じゅうそう》駅で電車事故の知らせがあり、小林はすぐさま出かけてしまったため、記者たちは抗議もできず、そのまま泣き寝入りになったと、当時のコラムは記す。一人の女優の引退によって、このような騒動も起こるありさまだった。

小林一三の舞台での釈明は、坪内士行が結婚する一か月前のこと、世間ではまだそれほど知られていなかったようで、これがきっかけだったのかどうかは不明ながら、この後に急に関心の的になり、噂であふれるようになった。宝塚少女歌劇団は、温泉客への余興だけではなく、すでに一人一人がスターとして世の人気を博していたと知られる。雲井浪子が抜けた後は、三期生の高浜喜久子《たかはまきくこ》が二世と騒がれ、喜久子も堀正旗との結婚が噂されると、「三世」は生まれるのかと心配されるありさまである。堀正旗は宝塚男子の一期生であったことはすでに述べたところだが、その後は劇作家として宝塚歌劇の創成期に貢献する。二人の関係は噂だけだったようで、堀が結婚したのは十期生の音羽滝子《おとわたきこ》だった。宝塚レビューをもたらした白井鐵造は、同じく十期生の沖津浪子《おきつなみこ》と結婚するなど、宝塚少女歌劇は演劇以外にも話題はこと欠かなかった。

小林一三が宝塚少女歌劇団を結成した意図は、もちろん演劇の向上もあるが、それ以上に一人一人の女子教育にあり、よき家庭人を目ざしていただけに、結婚すれば退団するのは当然のことであった。雲井浪子は、早めに舞台を退いたとはいえ、毎日楽屋に通い、友だちの生徒たちに「私が結婚した後は、毎日遊びにおいでなさい。御馳走します」と言って、それぞれの好みを手帳にメモしていたという。結婚後は阪急宝塚沿線の桜井に住み、毎日のように坪内士行と二人で宝塚に通う仲睦まじさだった。

大正十年四月、坪内に大阪松竹から逍遥作舞踊劇『和歌の浦』一幕物の演出を求めてきた。宝塚歌劇と松竹とはライバル関係にあったが、小林一三は寛大にも仕事をさせる。二羽の鶴が舞う場面があるのだが、松竹側としては、観客の関心を引くためにも、二年前に話題をふりまいて結婚した宝塚出身の雲井浪子を、雌鶴役に採用したいという魂胆があった。関西劇界の大御所初代中村鴈治郎一座に、女主人公役で雲井浪子が加わるというだけに、これまた非難や攻撃が集中する。五月の中座の番付には、本名の坪内操《みさお》と書かれていた。雄鶴役は中村福助（後の梅玉）、舞台に登場する漁師たちには、鴈治郎の長男林長三郎、中村政治郎（二代目中村福助）等の出演者を揃えて前評判を高めようとする。辛口の意見もありはしたが、浪子はまずまずの演技を披露する。松竹は宣伝が目的だったのか、浪子の出演は初めだけで、後に雌鶴役はもっぱら中村魁車《かいしゃ》が演じる。常磐津から西洋音楽の演奏となり、漁師たちが一斉にバレエを舞う。大阪人の演劇愛好者たちを驚かせるとともに、内容もさることながら、雲井浪子の登場にしばらくは話題で盛り上がったという。

タカラジェンヌが退団後に映画や舞台で活躍するのは、今日では普通のことだが、当時にあっては雲井浪子が初めてであった。俳優として生きようとした浪子は、その意味でも先駆的な存在だったといえる。

雲井浪子は、大正十年十月三十、三十一日の二日間催された、「坪内士行私演会」にも出演した。舞台は大阪梅田近くの大江ビルディング小ホールで、「或日の一休」「ハムレット」「淀君と秀吉」舞踊「供奴《ともやっこ》」の四作品の舞台、三百人ばかり詰めかけて満席となり、小劇場の興行としては大成功だった。坪内士行はすべてに登場し、四役をこなしたという。

坪内士行の私演会は、大正十二年になると朗読を主とする「戯曲研究会」として大江ビルで発表され、ほどなく「芸術協会」へと発展し、同年五月には大阪の新町演舞場で三日間の興行をする。そこでは坪内士行作悲劇「黒髪」、大喜劇舞踊「賤機帯《しずはたおび》」が上演され、雲井浪子がいずれも主役を演じた。「賤機帯」では、小林一三のはからいにより、新町の芸妓連が地方《じかた》を勤め、見物客は大満足であったという。

昭和元年に中川プロダクションで「我らの叫び」という映画を製作することになり、上巻の古代篇では雲井浪子が天の岩戸前で演じる天照大神の役を引き受けた。坪内士行とともにロケ先の奈良に行き、三笠ホテルで待機していたのだが、新聞でその話題が報じられると、猛然と批判が巻き起こる。宝塚少女歌劇だった者が天照大神になるのはもってのほかで、そもそも神話を映画化するとはけしからんとの脅迫もあり、企画そのものがなくなってしまった。「私の妻が映画に出そこなった笑い話」と、坪内士行は回想する。出演していれば、その後は映画女優としての道を歩んでいたのかもしれない。

昭和八年夏、松竹の興行によって食満《けま》南北立案「玉虫と蛾」という歌詞のない新舞踊が上演され、大阪の若手俳優の中村雁治郎、成太郎、駒之助等が蛾となり、玉虫に言い寄っては死ぬというテーマの舞台が上演された。その玉虫役を、雲井浪子が演じた。

このように、時たま舞台に出演することもあったようだが、女優として持続していたわけではない。これ以降の出演の記録を見いださないのは、その後は家庭人になったのであろうか。二人の間に生まれたのが坪内ミキ子、女優として、キャスターとして活躍する姿は知られるところでもあろう。

三　宝塚少女歌劇の帝国劇場への出演

宝塚少女歌劇の人気

大正三年四月に、宝塚新温泉客へのサービスとして始まったプール劇場で催された宝塚少女歌劇は、高尚な歌舞伎とは異なり、西洋音楽による少女たちの歌と踊りのお伽噺劇に、多くの人々はそれまでの演劇にはない新しさを覚え、反響を呼んで人気となる。大阪市内での帝国座における慈善歌劇会は連日満員という熱狂ぶりで、すでに指摘したように新聞記事の好意的な報道もあり、各所に招かれての公演続きというありさまとなり、多くのファンを獲得していく。

与謝野晶子は小林一三と早くから親しくしていたようで、大正六年三月公演の「アンドロクレスと獅子」を観劇し、自宅にも招かれて上田秋成自筆「詠源氏物語五十四首短冊屏風」を見る機会を得、感激して代表作ともなった「源氏物語礼賛歌」五十四首を詠むにいたった。「歌劇」創刊号（大正七年八月）には「武庫川《むこがわ》の夕」の和歌三首、「歌舞」（大正十一年三月号）には「宝塚少女歌劇と私」の随筆も掲載される。

川路柳虹《かわじりゅうこう》は「新演芸」（大正七年七月号）に「宝塚少女歌劇万歳」の記事を書き、小山内薫も「宝塚についての対話」（「歌舞」大正十一年五月号）で、大阪に出かけてすでに「二三度」も見たと述べ、日本の将来のオペラは、宝塚の温泉場から生まれる可能性があるとまで推奨する。

坪内逍遥の耳にも士行から宝塚少女歌劇の創設の話が伝わっていたのか、早く大阪や神戸での公演を見に出かけ、「宝塚少女歌劇脚本集」第一号（大正五年十月）には「愛らしき少女歌劇」の一文を寄稿する。そこでの提言として、「お伽的の歌劇などは私の歓迎するところ」とし、「成熟したる男女の声を要する」「歌劇の舞台には是非とも男子と女子と相混じて舞踊する必要」があるともする。小林一三もかねて考えていたことで、その試みとして、大正八年に男子部を設け、入学もさせていたことはすでに指摘した。

逍遥の宝塚少女歌劇への期待は大きく、自ら舞踊劇を提唱してきただけに、宝塚少女歌劇によってさらに少年少女への歌劇への関心も高め、いずれはドイツ十九世紀の「歌劇王」とされるワグナー作品のような大作も演じ、日本に大オペラ団が出現してほしいとまで述べる。ただ小林一三は、宝塚少女歌劇を西洋のオペラにするつもりはなく、あくまでも日本語の〈歌劇〉のことばを堅持し、家族で楽しめる独自の演劇を目ざしていく。著名な作家や評論家たちの宝塚少女歌劇の発言や紹介は、宝塚という地方の温泉場でなされていた余興ながら、広く世の中に新しい演劇として認識されて成長し、やがて大きく飛躍していくことになる。

大正三年十二月に続き、翌年も十二月十日から三日間の北浜の帝国座での公演、これまた大評判の連日満員という盛況であった。毎年暮れになると、大阪毎日新聞社主催による「巡回病院慈善演芸」とする宝塚少女歌劇会は恒例となり、第三回目は大正五年十二月十六日、十七日（昼夜二回）の両日、大阪劇場街の中心地道頓堀浪花座での公演となる。新聞も宣伝に努め、「空前の盛況」の見出しのもと、「入場券は羽の生えたやうに売れて居《を》ります」と騒ぎ立てる。

浪花座では、前年までの帝国座と同じく一等の一円は変わらないが、初めて指定席は一円五十銭として売り出す。新聞による連日の前宣伝の効果によるのか満席の状態で、紙面には雲井浪子を含む出演する少女たちの顔写真と名前が掲載される。

初日の翌朝の新聞には浪花座前の大勢の観客の姿を写真にし、「美しく賑やかに成功を収めた、浪花座の慈善公演」「大入満員札止めとなつた」と書きたてる。「少年少女を中心とした上中流の各家庭が、この清楚な装ひをした浪花座の表口から、宛《さなが》ら彩色したフイルムのやう」に次々と詰めかける。開場五時に先だつ三十分前から、すでに二階席も「花園かと見紛《まが》ふほど」の美しさ、「此様《このやう》な選《よ》り訳《すぐ》つた上品なお見物で、芝居小屋が一杯になつたといふ事は、道頓堀あつて以来の出来事だとて、松竹の係員《かかりいん》は舌を巻いて居りました」と、浪花座の職員もあきれるほどの驚きぶりを記す。席には大阪府知事から警察本部長、夫人たちの姿も見えていた。

神戸、京都からも開催を求める声がしきりだったが、大正六年も十二月二十二、二十三日（昼夜二回公演）の両日に、前年に引き続き道頓堀の浪花座で慈善演劇会の興行をすることにした。前売りの指定席を購入した著名人の名前が列記され、当日券も劇場前で発売するとあるだけに、人々は入手しようと早目に押しかける。

一日目を終えた翌日の新聞には、「満員の少女歌劇」「開幕から終幕まで大喝采」とし満員の客席の写真を掲載し、

　浪花座に開かれた昨日の慈善興行第一日、暮の道頓堀を飾った家族たちの美しい会合、忘年会にも招待会にもなる。

と、最大限の賛辞を連ね、来場した著名人の名前まで列挙する。道頓堀にあった劇場の五座は、大正五年までにすべて松竹経営となり、とりわけ浪花座は中村鴈治郎、梅玉《ばいぎょく》一座の本城であった。松竹としては、歌舞伎とは異なる宝塚少女歌劇に、実害はないものと余裕のある年末の日程を提供したのだろうが、意想外にも子供連れの家族の訪れ、しかも連日の満員のにぎわい、この現実に松竹は驚きと焦燥からの危機感を抱いたに違いない。むしろ小林一三にとっては、芝居は特権階級の所有物ではなく、親子ともども楽しめるものとする考えだけに、恒例になった大阪市内での公演に、ますます自信を深めていく。松竹と宝塚（後の東宝）とのその後に展開する激しい競合は、すでにこのころに醸成されていた。

　翌大正七年からの慈善公演会は、十月に竣工したばかりの壮麗な大阪市中央公会堂で開催される。松竹が浪花座の雰囲気にふさわしくないと判断して断ったのか、宝塚歌劇団による観客動員力を見せつけられ、歌舞伎とは異なる新しい観客を開拓しなければとの焦燥感によるのか、そのあたりは明らかでない。大阪に松竹少女歌劇団が発足したのは、大正十一年のことであった。

京都で興った松竹は、大阪道頓堀の劇場街を占め、明治の末年には東京への進出も果たし、演劇界においてはもはや不動の地位にあった。小林一三としても、宝塚新温泉の無料で提供する余興とはいえ、大阪市内での評判の高さなどから、東京での公演を考えるようになる。念願を果たしたのが、大正七年五月二十六日から五日間、晴れやかにも東京の中央に位置する帝国劇場においてであった。

帝国劇場への進出計画

帝国劇場は明治四十四年二月に竣工し、三月一日からの柿落《こけらおと》しとなった。国立ではないものの、西洋に負けないだけの演劇改良の劇場をと、井上薫から渋沢栄一等政財界の人々が名を連ねての出発であった。三十九年十月に発起人総会、翌年二月に創立総会、九月には将来の女優劇を目ざし、川上貞奴《さだやっこ》による画期的な「付属帝国女優養成所」が設置される。四十一年には「帝国劇場付属技芸学校」とし、「管弦楽部」も設けるなど準備も怠りなく進め、やがて国家国民の期待する帝国劇場の開幕となった。

オペラにも意欲的に挑み、開場半年後には「帝劇歌劇部」として再発足、その強化のため翌年にはイタリアのオペラ・バレエの演出家ジョヴァンニ・ローシーを招聘《しょうへい》し、歌舞伎、新劇、喜劇とともにオペラも積極的に取り組むことになる。このような展開の中で、大正元年二月にユンケル作曲のオペラ「熊野《ゆや》」が上演され、日本語の歌詞と西洋音楽との不調和に、失笑した観客も多くいるなど評判は良くなかったが、小林一三はむしろ日本の歌劇の成長していく将来性を思い描く。宝塚少女歌劇が発足する契機となったというのだから、当初から帝国劇場とは深い因縁的なつながりがあったといえよう。

帝国劇場では、明治四十四年五月十日から、それまで養成してきた女優を前面に立て、一期生の森律子、村田嘉久子《かくこ》などによる「新女優劇」を打ち出し、一時的な話題になったとはいえ、人気が上昇するというわけでもなかった。大正三年二月には「歌劇部」を「洋楽部」に編成するなど、男女の俳優養成は思うにまかせなかった。

大正四年の夏以前であろうか、松本幸四郎（七代目）が福沢捨次郎《すてじろう》と会合した折、「大阪で宝塚少女歌劇を見たが、なかなか面白く、参考になるので是非出かけるように」と勧告されたという。捨次郎は福沢諭吉の次男、父が明治十五年に創刊した「時事新報」の社長にもなっており、明治三十八年には自ら「大阪時事新報」を発刊する。小林一三とも懇意にしており、宝塚少女歌劇の東京公演を模索していた頃、宝塚に案内して少女歌劇を見せたところ、「これは自分の理想としている歌劇と一致し、帝劇の歌劇は失敗である。帰京すれば伊坂帝劇主任と松本幸四郎に、宝塚へ訪れて見物するように言っておく」という経緯であった。

幸四郎は、帝国劇場の舞台監督主任を務めていたこともあり、幕内主任の伊坂梅雪《ばいせつ》（国太郎）に福沢捨次郎の感想を伝えると、大阪での宝塚少女歌劇の評判の噂は知っていたのか、一緒に出かけようという話になった。伊坂としては、鳴り物入りの女優劇が不振で、ローシーを招いたオペラも苦心していただけに、少女歌劇の人気を確かめ、うまくいけば取り込もうとの思いもあった。当時の日本においては、古くからの歌舞伎や能はともかく、新劇とかオペラなどはまだ定着した演劇ではなかった。伊坂は福沢門下で小林一三とはほぼ同年、演劇評論家としても活躍しているだけに、二人は旧知の仲だったのかも知れない。

横浜から神戸まで乗船し、神戸からいったん大阪の梅田に出て、箕面電車に乗って宝塚へと赴く。二人が観劇したのは、「日本武尊《やまとたけるのみこと》」「メリーゴーランド」「三人猟師」「音楽カフェー」の四幕とするので、これは大正四年十月二十日から十一月三十日までの間となる。幸四郎は少女たちの演技にすっかり感動し、帝劇の歌劇よりも一段とすぐれていると高く評価する。帝国劇場では西洋の楽曲と日本語に直訳した生硬な歌詞で歌うため、どうしてもぎこちなく、舞踊もちぐはぐになってしまうが、宝塚少女歌劇は作曲も歌詞も日本式の創作で、振りもオーケストラと合致するという。

幸四郎は見終えた後、宝塚少女歌劇を帝国劇場で公演するのがよいと述べたところ、伊坂はとても賛成できないと反論する。逆に「少女を三人ばかり帝国劇場へ連れて行きたい」と提案したため、小林一三は「連れて帰るよりも、むしろ歌劇部をこちらで養成してあげましょうか」と言ったという。伊坂が宝塚少女歌劇を正当に評価することなく、めぼしい数人だけを引き抜こうとする態度に、小林はいささか腹を立てたのか、帝国劇場の俳優たちの不評を知って、皮肉めいたことばを返したのであろう。その場はどうなったかわからないものの、ともかく翌年の大正五年には、宝塚少女歌劇を帝国劇場で上演するといった計画に一応は落ち着いたようである。

帝国劇場上演の賛否

伊坂梅雪は、幸四郎が感嘆したように、宝塚少女歌劇団の一糸乱れぬ舞台姿には予想以上のすばらしさを覚え、帝国劇場でのオペラにここから幾人かを出演させれば、団員たちの刺激になって舞台効果も増し、立て直しができるのではないかと考える。そこで「少女を三人ばかり連れて帰りたい」との提案になったのだろうが、小林は低く見られたものだと悔しさもあり、「むしろ帝国劇場の女優を、宝塚で養成してあげてもよい」と、なかば冗談ではあるにしても、帝国劇場の主任に反逆の思いを示す。それだけ小林には、宝塚少女歌劇団の存在に自信があった。さまざまな議論の応酬があったようだが、その場は幸四郎の意見もあり、ともかく帝国劇場で一度試してみようといったところで決着した。

この後、小林は帝国劇場の支配人山本久三郎と交渉を開始し、具体的な上演作品や人選、日程の検討に入り、大正五年八月に実施することがほぼ決まった。ところが伊坂が宝塚少女歌劇の公演に強く反対したこともあり、実現するには大正七年まで待たなければならなくなった。小林一三は「八月の帝劇に行く約束のあつた少女歌劇団が、或る不徳義な者の為に突然故障が出来て中止になつた」(「新演芸」大正五年八月号)と、悔しさのにじみ出たことばで語るのは、このような背景があったからにほかならない。

伊坂梅雪は帝国劇場の実質的な上演の運営権を持つだけに、小林から放たれた「俳優をこちらで養成してあげましょうか」のことばに、宝塚少女歌劇の成功にライバル意識もあったのか、公演直前になって反対の意を唱えるようになる。「何だ、温泉の余興を態々《わざわざ》東京に持つて来るでもあるめエ」（結城礼一郎「最初の東京公演」「東宝」創刊号、昭和九年一月）とのことばで、公演話は沙汰やみになってしまった。それでもすっかり中断したわけではなく、玉谷五十一《いそいち》（演劇評論家）の「大阪劇界風聞録」によると、「この春だつたか、帝劇へ行くと話があつて止《や》めとなったやうだが、来年の二月には是非少女歌劇団が上京し、帝劇で公演するさうだ」（「新演芸」大正六年十二月号）とするので、大正六年春の計画があり、さらには翌年二月の公演へと、計画は延期されながらも話は継続していたようだ。

帝国劇場内でも、松本幸四郎の強い支持があったとはいえ、いざ引き受けるとなると賛否があったようで、その内情を示すことばとして、次のような回想の記録を見る。

伊坂帝劇幕内主任に、宝塚少女歌劇の批評如何と質問したところ、鼻の先に冷笑の漣《さざなみ》を浮かべて、「馬鹿にするなよ。僕はこれでも斯界の黒人《くろうと》だよ、少女歌劇が何だい、あれは温泉の余興ではないか、まさに余興を真面目に批評も出来んではないか」と言つてゐる。山本帝劇専務は「一寸見ると面白いけれど、到底《とて》も、あのやうなものは長持ちはしない。今にあかれるにきまつて居るものを、帝劇に如何に女優があるからといつて初めよといふのは無理だ、我輩の鑑定が勝つか小林君の意見が勝つか、長い間とは言はない、一両年の中にケリがつくから見て居給へ」と気焔《きえん》を吐かれて居つた。（「歌劇」昭和九年一月）

この証言によると、伊坂は当初から温泉の余興にすぎない宝塚少女歌劇を、帝国劇場で上演するのは沽券《こけん》にかかわるとばかり反対の立場だったようで、問題にするほどでもないと冷笑する態度であった。

松本幸四郎、伊坂梅雪から報告を聞いた帝国劇場支配人の山本久三郎《きゅうさぶろう》は、二人の意見が異なるだけに、自らも宝塚に出かけて観劇し、小林一三とも会談して実力のほどを確かめたようだ。結果としては伊坂と同意見で、見たところは面白いけれど、あれでは長続きせずすぐに飽きられてしまうというのだ。「帝劇に如何に女優があるからといって初めよといふのは無理だ」というのは、「帝劇には女優劇があるからといっても、あの不人気では困るので、替りに宝塚少女歌劇を始めてみたらどうか」といった意味なのであろう。今後ますます少女歌劇は成長すると小林は主張したところで、一、二年のうちには決着がつくはずだと、山本は自分の判断の正しさを主張して息巻いていた。

伊坂にしても、山本にしても、温泉の余興にすぎない宝塚少女歌劇が、いくら人気があるからといっても、誇り高き帝国劇場で引き受けるには矜持《きょうじ》が許さなかった。しかし現実の帝国劇場の経営は厳しく、一方ではやがて消滅すると予想した宝塚少女歌劇の評判は高まるばかりである。先ほど引用した玉谷五十一も、

恋の少女歌劇などと書くと箕面電車の小林一三さんが怒るから止《や》めて置くが、宝塚少女歌劇近年メキ〳〵売込み、ホテルの宴会の余興によく招かれる。一座の雲井浪子、篠原浅茅、大江文子などの人気凄《すさ》まじく、学校を休んで遣《やっ》てくる学生もある。

と指摘するように、人気は衰えるどころか、高くなるばかりで、新温泉の舞台だけではなく各所に招かれてもいた。これもしばしば言及されるように、とりわけ若い層のファンが多く、パラダイスの事務所ではそのような学生には、懇々《こんこん》と意見して帰していたという。小林一三としては、良家の子女の育成という目的もあっただけに、健全な少女歌劇にするとともに、国民劇の創成に向けて舞台での公演に傾注していく。帝国劇場としては、世間での話題性に富む劇団を呼びたいところだが、なかなか見切りもつけがたく、積極的に公演を小林一三に頼むわけにもいかないままになっていた。

宝塚少女歌劇の東京での歓迎ぶり

帝国劇場での宝塚少女歌劇の公演は、斬新さに魅力を感じながらも、踏ん切りがつかず、一度内定しては、また断念して先延ばしをするありさまだった。大正五年に玄文社を創立した結城礼一郎《ゆうきれいいちろう》は、すぐさま三月には坪内逍遥を顧問に迎えて「新演芸」という、演芸の月刊誌を創刊する。歌舞伎をはじめとする演劇の各ジャンルに及ぶとともに、各地の演芸情報も掲載する。大正六年春に宝塚少女歌劇が帝国劇場で公演するという話だったが、伊坂主任の反対で沙汰やみになってしまう。その年の九月に、結城は取材もあったのであろう、宝塚を訪れ、小林一三からそれまでの経緯を聞き、「それなら玄文社で一つ引き受けませうか」という話になった。具体的に詰めることもせず、ただそれだけの約束で帰京したという。

大正七年一月十八日、小林一三が上京して結城礼一郎と宝塚少女歌劇の東京公演について相談する。赤字が出ればすべて小林の負担、黒字になれば上京の実費を差し引き、残りはすべて玄文社の利得とするという内容である。小林としては、どうしても東京での、しかも帝国劇場での公演にこだわっていた。浅草にはいくらも劇場があるとはいえ、それは小林にとって自ら品位を落とすことになるため、あくまでも首都の中心にあり、しかも政治経済ともつながりの深い劇場で演じ、正当な評価を得たいという思いであった。

一月二十三日には、宝塚経営部長の吉岡重三郎《じゅうさぶろう》が上京して玄文社との詳細な取り決めをし、それにもとづく帝国劇場との交渉を進め、五月二十六日から五日間、劇場賃借の契約を交わす。一日の賃料はわずかに三百五十円、さすがの安さに玄文社がすっかり驚いてしまった。当時の劇場賃貸の相場は知らないが、結城自身が「驚くなかれ」と嘆声をあげるくらいなので、格安だったことは確かである。

帝国劇場の真意はおし量りかねるが、あるいは玄文社という後ろ盾とともに、小林一三の熱意を知り、決断もできないままにしていただけに、渡りに船と引き受けたのかも知れない。もっとも一年目の成功により、帝国劇場は足元を見てのことか、二年目の賃料は一日五百円、三年目は七百五十円、四年目には九百五十円と釣り上げられたが、入場料金も値上げしていったので、赤字になることはなかった。

帝国劇場での宝塚少女歌劇の公演という契約は交わしたとはいえ、結城礼一郎にとって心配は入場者がいるのかどうかで、すぐさま「新演芸」の一月号から、舞台写真入りの宣伝に努める。東京の新聞にも「宝塚少女歌劇公演」と大きく紙面をとっての広告、ここには小山内薫《おさないかおる》、松本幸四郎の賛辞を掲載し、写真を入れることもなく、文章だけによって詳細に少女歌劇を紹介するという、読ませる独特のスタイルをとる。宝塚では無料で見ることができる少女歌劇ながら、帝国劇場の規定により入場料を高く徴収する必要があり、特等四円、一等三円十銭、二等二円五十銭という高額になってしまった。主催者たちが不安に思うのはもっともで、歌舞伎とか海外のオペラならともかく、東京では誰も見たこともない宝塚少女歌劇の評価も定まっていなく、観劇する客がいるのかどうか、大阪の帝国座での公演は一等一円にしかすぎなかった。

四月から切符の前売りを始めると、驚くほどの人気ぶりで、開演三日前には五日間の特等、一等、二等はすべて売り切れ、坪内逍遥などは入手できなくすごすごと帰るしかなかった。外交官で貴族院議員の小村欣一《こむらきんいち》侯爵（父は外務大臣の壽太郎《じゆたろう》）などは、やっと三等席を得るというありさまで、一条実孝《いちじようさねたか》公爵からの申し込みは断ってしまう。宝塚少女歌劇一期生の小倉みゆきの後援者の外国人も、神戸から上京しながらチケットが取れなかったなど、さまざまな悲喜劇が展開する。

小林一三としては念願の東京公演が現実となり、しかも劇場のシンボルともいうべき帝国劇場で演じるだけに、これまでの鬱憤を晴らさんとばかり、念入りな準備を怠りなく進める。地元の宝塚では五月十六日から二十日まで、毎日一時から「東京帝国劇場上演歌劇試演」と銘うち、東京公演と同じ演目を上演し、生徒たちにも本番に臨む覚悟をさせる。帝国劇場で恥をかけば、二度と宝塚少女歌劇の東京公演は見通せなくなってしまう。
五月二十二日に帝劇出演者は朝八時二十八分発の特急列車で大阪駅を出発、雲井浪子、高砂松子《たかさごまつこ》、それにスタッフを含めて三十二名が夜八時半に東京駅着、人々の大歓迎を受けたと、翌日の新聞には写真入で報道される。「新演芸」の七月号には、グラビアに五枚もの写真を掲載し、「帝劇前に於ける少女歌劇観客の雑踏」「芝増上寺前の少女歌劇団」「ゴザムの市民の舞台面」などの見出しが躍る。同じ号には川路柳虹《かわじりゅうこう》が、

噂ばかりでまだ見ないうちは、内心どんなものかと危ぶんでいた。幕があいて『三人猟師』の可愛いい少女が踊り出た姿を見て先づ第一不思議な快感を唆《そそ》られた。

と、振付から歌詞、音楽など具体的に例を示して絶賛する。これまでの東京の新劇や歌劇が、いかに堕落したものであったかとも述べるありさまである。人々が宝塚少女歌劇に新鮮な驚きと関心をいだいたことが、連日満員だったという現実によっても知られるであろう。この現象には、さすがの帝国劇場側も脱帽するほかなく、その後宝塚少女歌劇は毎年の恒例として帝国劇場で公演されることになる。この成功が宝塚少女歌劇のその後の運命を変えるし、小林一三の演劇への情熱もますますかきたてられる。

四　はなやかな少女歌劇団

宝塚少女歌劇の東京公演の人気

宝塚少女歌劇の東京における帝国劇場での公演は、小林一三の果敢な挑戦によって成功を収め、以後の宝塚歌劇の展開には大きな影響を与えることになる。二回目は八年五月二十六日から三十一日、三回目は九年六月二十五日から三十日、以下十年・十一年（二回）、十二年と続き、七回の公演を果たすが、いずれも月末の四日ないし六日間であった。

毎回の上京は人々の熱狂的な歓迎であふれ、大阪駅の出発から東京駅着、そこから楽屋入りまでの、ルポのような記事も書かれる。ここには伊坂梅雪の姿はないが、どのような思いで見ていたのであろうか。

帝国劇場では専属男女優の公演が月初めから二十五日間続き、その後は休館日となる。帝劇の常連客は月末には訪れないことに慣れており、普通の演劇をしても月の後半は空席が多い。帝劇にとって使用しない数日とはいえ、演劇の世界ではあまりよくない時期に、宝塚少女歌劇を持ってきたと、支配人山本久三郎は悪いことだったと反省しながら回想する。宝塚少女歌劇の受け入れを承諾したにしても、帝劇は消極的な態度を示す。小林一三はこの扱いに不快な思いもしたはずだが、何ごともなかったように宝塚少女歌劇の帝劇での公演を続け、大正十二年で打ち切りになった。

数日の公演とはいえいつも超満員の盛況で、三階席の客などは当日券を手に入れようと、日比谷通りの元警視庁のあたりまで長蛇の列が続いたという。小林一三は、帝国劇場の、厚遇とはいえない対応に不満を漏らすことなく、当初はことのほか喜んでいた。ただ、宝塚少女歌劇を見ようと連日入場者が詰めかけながら、月末の四、五日間しか提供しないことに、小林はいささか違和感を持ち、関東大震災後に帝劇が復旧しても、そこでの再開はなかった。大正十四年からは市村座に場所を変え、しかも四月、五月、六月、十月、十一月と連続し、一回の公演が二十日余も続くという日程である。それだけ人気が定着し、固定のファンが着実に増えていた証左であり、これならば独自の劇場を持ち自由に公演することも可能だとの思いになってくる。

帝国劇場公演三年目の宝塚少女歌劇団の一行について、新聞人でもあった正岡楓峡《ふうきょう》は、次のようなルポ記事を残している。東京駅に着くまではまだ時間があると、富士見町の阪井久良岐《さかいくらき》(川柳作家)のもとを訪れ、「宝塚上京を祝するの句」を詠む。久良岐は「報知新聞」から新聞「日本」に入社し、旧派歌人十数名の自賛歌を掲載した。正岡子規《しき》がこれに反発し、歌論として知られる「歌よみに与ふる書」を、同じ「日本」紙に十回にわたって連載するにいたった。今日の文学史的な観点からすれば、結果的に久良岐は近代短歌の画期的な変革に寄与した人物ということになってくる。

二人の句は、

年々歳々相似たり宝塚（久良岐）

その前夜夢はお江戸を駈けめぐり（楓峡）

といったものであった。このような戯《ざ》れ句が詠み交わされるほどの、宝塚少女歌劇は東京でも話題の種になっていた。

二、三の新聞紙上で、宝塚少女歌劇団の東京駅到着の時刻を報じていたこともあり、出迎える人々で混雑していた。すでに上京していた宝塚音楽学校教師の岸田辰彌、高木和夫、楳茂都陸平《うめもとりくへい》たちが、大阪から到着する列車を出迎える姿も見える。先頭では「宝塚少女歌劇」の小旗が振られ、下車した生徒たちが整列したところで、新聞社、雑誌社のフラッシュが目をくらませる。紺がすりの姿、青いリボンをつけた美しい姿、すでに舞台が始まっているようで、一行は玄文社の用意した東京駅に近い鍛冶橋旅館と対山館へと向かう。

このような騒動は毎回のことで、雑誌の記事でも宝塚少女歌劇の見聞記が注目され、東京での年中行事となった様相から、上演される内容、少女一人一人の評判に至るまでが詳細に紹介される。他方では「宝塚少女歌劇なるものは歌劇ではない。あれは『宝塚娘歌遊び』である」（「歌舞」大正九年九月号）などと、一部に辛口評もありはしたが、人気は毎年衰えることなく、上京を心待ちにする愛好者が増える一方だった。小林一三の意図は、宝塚少女歌劇を通じて新しい国民劇をめざし、西洋の模倣ではない、日本独自の歌劇の創出にある。それだけに〈歌劇〉のことばは用いても、〈オペラ〉とはいわず、西洋演劇の基準で宝塚少女歌劇を評価されたくないとの強い思いを持っていた。

どうしてこれほどまでに人気があるのか、批評家はしばしば口にして驚きの声を発する。東京公演の評判を高めた要因の一つには、七期生（大正七年）天津乙女《あまつおとめ》の登場があった。玄文社の結城礼一郎の勧めで宝塚歌劇団に入った東京出身の鳥居栄子《えいこ》、それが天津乙女である。綿谷朝之（文芸時評家）は「宝塚新頌記」で「何をやらしても、てきぱきやってのける人。江戸っ子だけにすることがきわ立って、唄《うた》に科白《せりふ》に、仕草《しぐさ》に、判然とした輪郭が見えるやうだ」（「歌舞」大正十年三月号）と高く評価し、天津乙女を追いかける記事がほかにも続出し、とりわけ東京での人気は急上昇する。妹一人（雲野《くもの》かよ子・池辺鶴子《いけべつるこ》）も、あいついで宝塚歌劇の団員となる。

宝塚少女の人気投票

雲井浪子だ、高峰妙子だ、などとファンが騒いでいるうちに、年を重ねた女性たちは次々と退団し、新たに天津乙女とか初瀬音羽子《はつせおとわこ》など新しいスターが生まれ、また人々を魅了していく。このように回転していくことも、宝塚少女歌劇が人気を持続していった秘訣でもあろう。小林一三は演劇集団として涵養したい思いがあったにしても、現実の観客の志向は個性ある女優の評判に走ってしまう。「国民性代表としての少女歌劇」（和気譲）、「日本将来のオペラは宝塚の温泉場から生まれて来さうに思ひますね」（石丸梧平）等と評価されながらも、雲井浪子もそうなのだが、一人の少女の演技力や表現力、さらには容貌によって人気が左右されもする。

評判が高まれば高まるほど、「宝塚楽譜」「宝塚歌劇集」、それに舞台写真、レコードが売れるという相乗効果をもたらし、大正八年十月には、現在も継続する雑誌「歌劇」の創刊となる。沸騰するばかりの人気ぶりに、帝国劇場公演の主催をしてきた玄文社としても、ただ手をこまねいて見ているだけではなく、自社の宣伝もかね、「宝塚少女歌劇団生徒人気投票」の企画を立てる。「歌舞」の大正十年七月号には、六月二十六日から五日間帝国劇場で宝塚少女歌劇の公演があるとし、「生徒さん方の中《うち》誰が一番お好きですか、是非御投票を願ひます」と、大々的に宣伝をする。投票用紙は七月号に四枚綴じ込んでおり、生徒一人に一枚を用い、最高点の生徒には本社から記念品を贈呈するとともに、当選者には抽選で五十名に玄文社発行の図書雑誌購読券二円を差し上げる、という内容である。宝塚少女歌劇の人気にあやかった、自社の雑誌販売促進の意図もあった。

この号には巻末にも「果たして誰が最高点を得るでせうか、当てて下さい」と、宝塚少女歌劇の人気に便乗し、射幸心を煽る。

大正七年から始まった帝国劇場での宝塚少女歌劇の人気はすっかり定着し、地方では偽の宝塚歌劇公演が催されるほどであった。玄文社としては帝国劇場での公演が実現したのは自社との自負もあり、さらに評判を高めようと独自に企画し、締切は七月十日、結果の発表は九月号の誌上と大々的な広告をする。宝塚少女歌劇団には相談のないまま進められたようで、小林一三は広告を見て驚き、すぐさま社長に強く抗議を申し入れる。

玄文社はよかれと思ってしたのだろうが、思わぬ反論に、強行するわけにもいかず、八月号に「宝塚生徒人気投票は中止いたします」と大きな見出しによって謝罪する。「多大の高評を博しまして、毎日おびただしき投票がありました」と、まずその経過を述べ、「宝塚音楽歌劇学校長小林一三氏より中止依頼の御書面に接しました」と、その書面の全文を掲載する。社内でもすぐに検討したのであろう、小林一三の依頼の旨を承知して「断然中止いたすことに相成りました」と人気投票の方針を転換し、「その代はり来月号の誌上に於いて、これ以上の面白い計画を発表」するので、許していただきたいと読者に詫びる。

小林一三の文言は、帝国劇場での公演はひとえに玄文社の後援によるものと高く評して謝し、「宝塚少女歌劇の公演は、当校生徒の平素習得せる技芸の発表機関」であるにすぎなく、人気投票は「生徒に対し決して好感化を与へざる事」と思われるため、すでに雑誌で公表しているので、ご迷惑とは思うが、計画の中止を願いたい、といった内容である。「大正十年六月三十日　宝塚音楽歌劇学校校長小林一三」の名を出し、玄文社の企画を取り下げるよう求める。

「歌舞」の編集としては、思いついて計画を発表し、急に取りやめたのではなく、正当な事情によるとの思いから、小林一三の文書を示すことによって誠意を示そうとしたのであろう。宝塚少女歌劇の人気からすると、評判の生徒の順列はファンの関心が高く、雑誌社としては時機を得た企画と考えたようだ。小林一三にとって舞台での披露は、あくまでも宝塚音楽学校生徒の発表の場であり、個々の女優によって形成された演劇集団ではないとする立場であった。人気の生徒が出現したとしても、あくまでも宝塚少女歌劇団の一員であり、独立して評価されていくと、組織は分断されて維持できなくなってしまうとの経営方針を持っていた。それに小林一三は宝塚少女歌劇を通じて、日本の演劇を改革し、国民劇の創成をはかりたいとの強い思いがあった。世間ではそのような意向とはかかわりなく、「宝塚の花形」などと、個々の生徒への人気は衰えることはなく、それぞれの評判記がしばしば書かれ、出演した舞台や、姿態一つにしても騒がれるありさまである。

東京少女歌劇団の盛衰

宝塚少女歌劇団が評判を呼び、大阪の帝国座での公演、さらには須磨の藤田邸に招かれるとか、住友男爵家の宴会で人々の称賛を浴びたなどと、ニュースが拡散するにつけ、いつの世も類似した組織が派生してくるのは自然のなりゆきであろう。

帝国劇場の運営は紆余曲折しながらも、大正五年には本格的に歌舞伎を主体にした公演劇場となる。オペラ公演のためイタリアから招かれていたローシー夫妻は、運営方針の違いから帝国劇場を離れ、赤坂にオペラ専門のローヤル館をオープンするが、これもうまくいかず、やがて二人は傷心の思いのまま日本を離れてアメリカに渡ったとされる。帝国劇場の人々は、ローシーについて行くとか、浅草の根岸興行部で始められたオペラに加わるなどの動きもあった。大正時代の浅草オペラやオペレッタが人気を博したのは、このような背景があった。その時期に浅草六区で生まれたのが、西の宝塚少女歌劇に対抗する評判ともされた、大正五年に創立の東京少女歌劇団であった。宝塚少女歌劇団が帝国劇場で成功するのと軌を一にするように、東京少女歌劇団も大劇場での公演を積極的に進めていく。

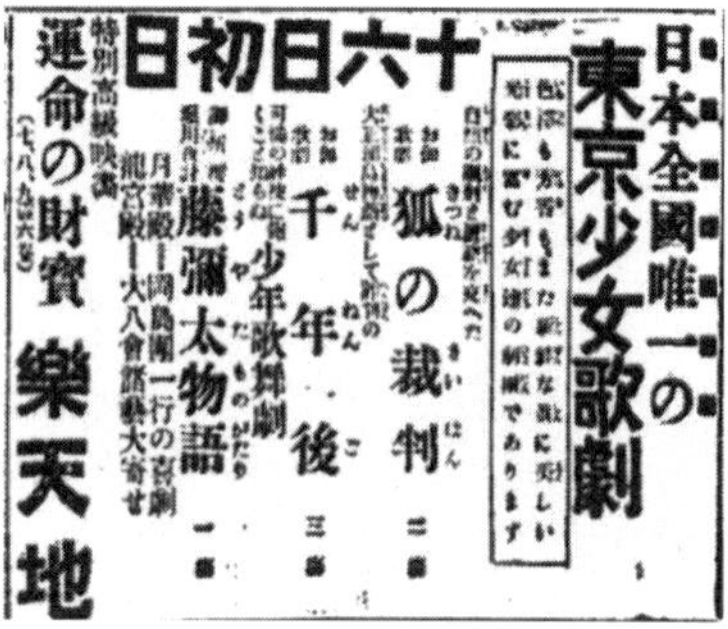

東京少女歌劇団「大阪毎日新聞」大正9年9月16日

東京だけではなく、大阪千日前の楽天地でも、宝塚少女歌劇の存在など無視したように公演する。楽天地は大正三年五月に竣工したレジャーセンターで、大阪の繁華街に位置しており、館内には大劇場が二つ、小劇場が一つ、さらに水族館からローラースケート場まであるという規模の大きさであった。映画、演劇、漫才などの公演、歓楽の施設だけに集客力も大きかった。大正九年八月に東京少女歌劇団が大阪に初めて訪れ、「日本全国唯一の東京少女歌劇」「色艶も芳香も、また新鮮な真に美しい光彩に富む少女たちの劇団であります」と大仰に宣伝する。川上音二郎、貞奴が演じて好評だったお伽劇の「狐の裁判」、「千年後」の歌劇は浦島太郎が大正時代に出現したという子供向けの話など、まさに少女歌劇にふさわしい内容だった。大阪で公演しながら「全国唯一」とするのも、厚顔な表現ではあろう。

客の入りは上々だったのか、八月下旬に二回目、三回目は九月上旬に新しいお伽劇の公演と、勢いの盛んな様相を呈していた。なお楽天地の小劇場を本拠地にしていたのが、宝塚少女歌劇団を模して、大正八年に結成された琵琶少女歌劇団で、出身に女優の田中絹代《きぬよ》がいる。映画制作にも乗り出し、松竹とも提携するが、昭和五年に火災で焼失して廃業、跡地に松竹歌舞伎座が昭和七年に誕生する。

東京少女歌劇団は浅草の駒形劇場を主要な劇場にして活動していたが、不入りが続いたためか、大正九年二月に名古屋の中央劇場に拠を移す。宝塚少女歌劇を仮想の敵と見なし、それなりに個性ある少女たちも育ち、独自の人気もあったのだが、団員が一人、また一人と他の少女歌劇団に引き抜かれたのも評判を落とす結果になってしまう。名古屋では昼夜二回の公演、いずれも大入り満員だったという。宝塚少女歌劇が大正七年五月に帝国劇場で初の舞台、その帰途は名古屋の御園座でも三日間公演していたため、すでに少女歌劇は親しまれた存在でもあった。

名古屋で勢いを盛り返した東京少女歌劇団は大阪に出向き、楽天地の公演となったのであろうか。「楽天地の客もオペラがわかるようになった」(「歌舞」大正十年四月)と評されはしたが、それは一時的な人気にとどまってしまう。いつまでも「宝塚の灰汁《あく》」がとれなく、宝塚少女歌劇の年に一度の上京がむしろ新鮮で、心待ちにされる状況にあったらしい。東京少女歌劇は名古屋からも離れ、大分県中津でのわびしい公演、「醜《みにく》い断末魔の姿を引き続けて、いつまで浮草の旅を続けているのか」(「歌舞」大正十二年一月)と酷評される無残な姿だった。

大正十二年八月三十一日には日東蓄音器の後援により、大阪の中央公会堂で一日二回の無料公演、翌年の十二月十六日からも道頓堀角座で昼夜二回、お伽歌劇、史劇、歌舞劇、喜歌劇などをしているので、それなりの人気は保たれていたのであろう。ただ熱狂的な支援はなく、再起をかけてなのか、浪華少女歌劇団と合同で上京し、浅草十二階劇場で開演したものの、もはやかつての人気は戻らなかった。脱落した少女も多く、旅回り役者のイメージはぬぐうことができないまま衰退し、当時数多くの少女歌劇団が生まれ、ほどなく消滅していくのと同じ運命をたどってしまう。

宝塚少女歌劇団の評判にあやかり、また向こうを張るように各地に少女歌劇団が次々と生まれ、いずれも解散してしまう。東京少女歌劇団に次いで早い例は、大正七年に広島の羽田《はだ》謙次郎が創設した羽田《はだ》別荘少女歌劇団で、最盛期には五十人の少女を擁し、中国地方を主に活動していた。「ハダカゲキダン」と表記されていたこともあり、人は「裸劇」と誤解したという逸話もある。浪華少女歌劇団は大正十年、洋風のレビューを得意とし、「舌切雀」「平和の女神」など、やはりお伽噺の歌劇を中心にしていた。横浜には大正十一年花月園少女歌劇団が生まれ、これも「猿と蟹」「羽衣」等もっぱら児童本位であった。

例示すればいくらも存するのだが、宝塚少女歌劇団をそのまま真似たのが金沢の粟崎少女歌劇団、福井のだるまや少女歌劇団、博多の青黛座、大阪の大浜少女歌劇団、さらには吉本興業による花月乙女舞踊団もあった。いずれの少女歌劇団も、同じような浮沈をたどって消えてしまう。

最近の新聞に、能登半島の旅館で毎夜ショーをする三組で構成される雪月花歌劇団が紹介されていた。また女子大学に歌劇部が生まれたとか、吉本興行が「少女歌劇団」を再発足し、第一期生三十人余の募集を近く始め、日本舞踊、ダンス、茶道のレッスンに励み、「清く・明るく・麗しく」をテーマにし、専用劇場での公演を予定しているとも報じる。AKB48の結成は二〇〇五年、人気になると続々と同種の女性アイドルグループが誕生し、「アイドル戦国時代」と評され、誕生と解散を繰り返す現象はよく知られている。その延長線上に女性による歌劇も、集客をめざしてこれからも生まれてくるのであろう。

五　宝塚少女歌劇の編成

公会堂劇場の出現

明治四十四年五月に宝塚新温泉がオープンし、有馬までの路線の延伸を断念すると、事業の企画は箕面から宝塚へと徐々にシフトしていく。大正元年七月に宝塚パラダイスの開設にともない、夏の二か月はプールとし、それ以外は劇場兼公会堂としての利用を進める。大正元年の七、八月の水の季節が終わると、早速十一月からは東京女優の美人劇、翌年一月にはパラダイス演芸大会、三月からの婦人博覧会には余興として舞踊大会から美人劇、箏曲大会、さらには有楽座女優を招いての家庭劇公演もする。平行して箕面動物園の翠香殿では、お伽大会やお伽噺会を開くなど、二つの施設で催しを継続していたが、一本に絞ることになる。それが大正二年七月の宝塚唱歌隊の結成で、自前の舞台人を養い、より効率的な演芸活動をめざすことにした。

少女たちの歌劇はまだ練習を始めたばかりなので、大正二年の夏もプールとして使用し、終わると床に板を敷いて客席とし、脱衣場を舞台にしての演劇を再開する。十月からは「宝塚名物美人劇」と銘うっての「幻」と題する五幕物、東京女優の登場する電気応用舞踊劇というのは、背景に映像を流すなどの演出がなされたのであろうか。十一月にも「宝塚パラダイス美人劇」などと、プール劇場の稼働率を高めていく。大正四年四月一日から、宝塚少女歌劇団が初舞台を踏むことになった。

この年は三回の公演、合間には次の新しい演目の練習に励み、各所にも呼ばれ、年末には北浜帝国座での慈善公演会、プール劇場の舞台が空いている時には「堀江美人演芸会」をするなど、営業活動は怠りない。大正五年からは年四回の公演、そのうちの一度は二か月のロングランとなるため、費用をかけて東京などから劇団を呼ぶ必要もない。宝塚新温泉の入浴客には無料で見せるというのだが、むしろ演劇だけを目的として訪れる人も多くなった。入場者の増加にともない、パラダイスのプール劇場だけでは収容しきれなくなる。

箕面有馬電気軌道鉄道の開通から少し遅れて、箕面動物園に翠香殿を設けて演劇は無料にし、観覧車も設置するなど乗客増を図っていたが、動物の飼育のむつかしさなどの事情もあり、大正五年三月には廃園とした。箕面公会堂の役割の縮小もあり、宝塚へ移設して歌劇場に再利用をすることにした。川上音二郎の舞台もするなど、箕面公会堂は劇場としても使用してきた。東京での帝国劇場の成功は、ますます宝塚少女歌劇の評価を高め、プールにも兼用していた三百人ばかりのパラダイス劇場では、押しかける観客に対応しきれない。

箕面公会堂を宝塚に移設し、地下を掘るなど本格的な劇場にするための手を加え、大正八年三月二十日に新劇場の柿落《こけらおと》しとなった。宝塚少女歌劇春季公演の新作「こだま」「千手の前」「家庭教師」

「桶の中の哲学者」「文殊と獅子」の五本、新設したとする「第二余興場」では「まぼろし」劇、「活動写真」、それに「音楽博覧会」とある。第二余興場とは改装したプールのパラダイス劇場のことで、西洋音楽をテーマに、蓄音器で音楽を約三時間半も流すといった音楽公演会もなされた。

大正十年三月からは、宝塚少女歌劇の進化と人気を取り込み、入場客の混雑を避けるためもあり、「一組はホントの歌劇に歩を進め、一組は家庭的の可愛いお伽もの」を演じる二部に分け、二組を競争させることにしたと発表する。一部は天津乙女など二十八人と管弦楽団の半分、第二部はもっぱらパラダイス劇場において、高松松子を中心とする愛らしい年少者二十人ばかりと、管弦楽団の若手を加えた組織編制である。新聞などでは、二部制はいずれ男子も加え、本格的な歌劇団をめざすのではないかとの観測もする。

小林一三は、少女ばかりの貧弱な劇団ながら、歌劇団を向上させたいとの信念のもとに、新たにお伽歌劇を専門とする一組を新設することにしたと主張する。舞台が二か所になることによって、力量はありながら端役でしかなかった者にも、活躍の場が広がった。お伽歌劇が非芸術的だと放置するのではなく、無邪気な材料と教訓的な童話を積極的に取り上げ、いずれの組にも将来にわたって男子の加入は毛頭考えていないと、小林は付言する。パラダイス劇場のお伽劇の結果いかんによっては、あるいは再びプールに戻すかどうかは、客の希望によって検討するともいう。宝塚少女歌劇団を分割して二組にしたことなど、当時の小林一三にはまだ明確な将来展望の方針があったわけではない。

大正十年五月から一部と二部に分けて公演したところ、パラダイス劇場（第二劇場）は明らかに観

寶塚新温泉の
少女歌劇場焼く
浴場だけが焼け残る
一萬五千人を入れる
大歌劇場を建てる
小林取締役は語る

宝塚劇場焼失「大阪毎日新聞」大正12年1月20日

客が少なく、公会堂劇場（第一劇場）とは歴然と差がついてしまった。もうすこし辛抱して双方ともに改良し、二つの劇場で二組が交互に公演するようにしたい。宝塚新温泉を訪れると、いつでもどちらかの劇場で公演をしている態勢にしたく、不評であっても今は発展していく過渡期なのだと、小林一三は自ら釈明して納得に努める。

九月二十日からは第二部のお伽歌劇、十月からは第一部の歌劇と、二つの劇場での日程をずらすことによって連続公演とし、十月十五日には第一部を「花組」、第二部を「月組」と改称する。二組の名称を変えたにしても、劇場が固定したままであれば、少女たちにも差別意識が生じるとの思いがあったのであろう、月組が第一劇場、花組が第二劇場を用いる交代制にし、日曜になると昼は花組、夜は月組といった組み合わせもする。

このような方式に根本的な変化をもたらしたのは、大正十二年一月二十二日の午前二時に起こった電気系統の原因による火災で、たちまち第一劇場から第二劇場にも延焼し、宝塚新温泉の施設は壊滅的な状況になってしまう。将来の見通しを聞かれた小林一三は、宝塚には新しく一万五千人規模の新歌劇場の建設をすると、インタビューで口にしたと新聞には報じるが、記者がかなり誇張した見出しを付したのであろう。

舞台を失った歌劇団は、新劇場の竣工まで、花組、月組の双方、地方公演と大阪の中央公会堂で公演するなど、活動は持続していった。劇場の方は、驚異的なスピードで、二か月足らずの三月二十日には中劇場が完工し、すぐさま月組、四月からは花組の公演となる。日曜日は一時からと六時からの昼夜二回公演とするほか、お伽歌劇は二つの組の演目に加えられるようになる。さらに大正十三年七月には、四千人収容という大劇場が、焼失した劇場跡地にできあがった。

宝塚少女歌劇の評判

東京、大阪をはじめ、各地で少女歌劇団が次々と生まれ、一時は人気を保って活動しながら、宝塚少女歌劇団だけがどうして生き残ったのか、これに対しての正解を得るのはきわめてむつかしい。時代や地域性、演目によるといっても、後発の歌劇団も類似のことをしてきた。もっとも異なるのは、電鉄会社が経営母体となり、温泉客への余興として無料で見せたことが大きい。しかも当時の有能な指導者を招聘《しょうへい》して少女たちの教育にあたるとともに、徹底してプロ意識を身につけさせ、安心して子供を含めた家族が見て楽しめる演劇をしたことも特色といえる。電車への乗客増をはかる手段として、沿線の住宅地開発とともに、終点駅の箕面ですでに試みた手法でもあった。動物園に入れば無料で見ることのできる翠香殿の余興、駅前広場や公会堂も用いての「山林こども博覧会」等の催しは、その後のレジャーランドのはしりでもあった。電鉄収入の安定にともない、余裕をもって宝塚少女歌劇団の運営ができたことも、持続できた大きな要因といえる。新作の演目を次々と上演し、少女たちの新陳代謝をはかってスターの誕生に心がけ、大阪市内や東京では帝国劇場での公演の評判も、さらに大きな意義を持つ。

こうなると、まともに対抗できないと思ったのか、「宝塚少女歌劇松組公演団」と称する劇団が、他の少女歌劇団に所属していた者たちを集めて九州地方を公演しているという（「歌舞」大正十二年七月号）ニュースもはいってくる。宝塚少女歌劇団が地方を巡演しているように装い、チラシには舞台背景から電気仕掛けの応用まで、宝塚の舞台と変わらないと宣伝する。しかも特等二円、一等一円五十銭、二等一円という入場料だけに、騙されて見物する地方の人はとんだ災難というほかはない。

秋田では土佐港町の東座開場式に、座頭《ざがしら》として大阪歌舞伎の名代《なだい》片岡我堂《がどう》と名乗った人物が登場したが、これは真っ赤な偽物、東京で改名して俳優鑑札まで得ていたというのだから驚きである。その後詐欺罪で逮捕され、秋田裁判所で公判に付されたという後日譚もある。宝塚少女歌劇にしても、それだけの評判が全国的に広がったとはいえ、多くの見物客に損害を与える結果に変わりはない。メディアの発達していない時代は、この種の偽物横行の例はいくらも存在していた。

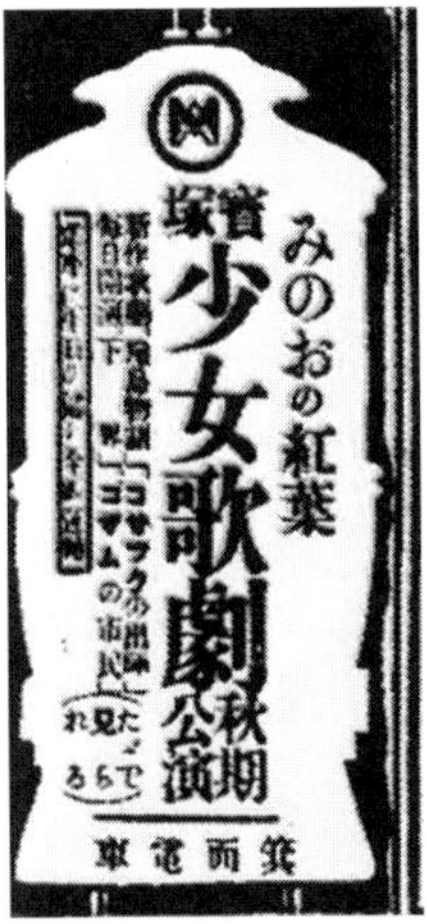

「ただで見られる」少女歌劇
大正６年10月31日

宝塚少女歌劇の広告には、「ただで見られる」と書き添えられ、観劇は無料であると強調される。仮名による「飛行鳥」とするファンの体験記として、次のような感想が掲載される。

毎日の暑さのため、宝塚での「夏期公演」を見ようと、梅田から宝塚まで出かける。電車賃は片道二十五銭、往復だと四十九銭と抜け目のない営業ぶりである。パラダイスに入るのに、入浴料として十五銭、館内は旅行展覧会の開催中とて廊下にまで陳列台が並べられ、古道具屋の店じまいの感じがする。時計を見ると開演一時間前、食堂に入って昼食をすませ、開幕のベルで演芸場に駆け込むと、無料席は満席、そのはずで何と観客席の四分の一しかない。仕方なく二十銭を出して特別席に座ることになる。〈少女〉の名を付してはいるが、二十歳過ぎた者もいるなど、この先どうなるものかと心配もする。プログラムから各種の雑誌にいたるまで、「たゞで覧《み》られる」と書いているが、これは客に対して侮辱することばではないか。一日を費やし、八十四銭と昼食代を払うことになった。(「歌舞」大正八年十月号)

いささか皮肉めいた辛辣なことばをつらねるが、当時の宝塚新温泉の状況とともに、むしろ宝塚少女歌劇の人気の様相を知る思いがする。

編集者で作家の青柳有美《あおやぎゆうび》(後年に宝塚歌劇学校の教師)も、宝塚少女歌劇の人気ぶりと多角経営についておもしろく言及する。四年経て電車賃の値上げもあったようで、概略を示すと、

片道五十銭もすれば躊躇するが、往復六十五銭というので、これは安いと思って電車に乗る。歌劇を見ようとすると、温泉の関門があり、五十銭もするならこれまた思案をするけれど、わずかに二十銭というので、これは得をしたとついふらふら入ってしまう。

歌劇を無料で見ようと思っても、いつも先客で満席、どうしても予約席を三十銭で購入することになってしまう。これが一円とか一円五十銭であるなら、ためらいはするが、一席三十銭といわれると、安いと思わされてしまう。そのうち売店では脚本、絵はがき、楽譜、雑誌の「歌劇」が目に入る。絵はがきは一組五枚で十銭、楽譜などはいずれも三十五銭、美しい本に心引かれてあれこれと買ってしまう。開幕まで歩いていると、「食堂」の看板が目に入る。「ライスカレー珈琲《コーヒー》付三十銭」「料理一品三十銭均一」というポスターに、一円もすれば諦めるところ、三十銭では安いことだと、これまた財布の紐を緩めてしまう。「宝塚は安い」という考えになってしまい、家に帰って数えてみると、費やした一日の金額の総計に驚かされ、経営のうまさに感服するばかりである。（「歌舞」大正十二年七月号）。

と話を展開する。関連商品の多さ、人の興味をそそるような数多くの工夫など、箕面でもそうであったし、その後の東京での展開なども、まさに宝塚方式ともいうべき広告宣伝の方法であった。

大正十二年一月の新聞に、河原蓬著『宝塚歌劇少女の生活』（大正十一年一月刊、育文館、一円六十銭）が、たちまちにして七版になったと広告する。大正七年八月に創刊した「歌劇」も、品切れになるほど売れたというのだから、宝塚少女歌劇が人々を引き付ける魅力的な存在であったと知られるばかりである。宝塚は温泉だけではなく、植物園、動物園、それに各種の遊園施設を整え、さまざまな博覧会を催して集客をはかり、人気が出れば出るほど電車の乗客増、運賃収入の増大につながってくる。

なお、物価について、大正時代と現代とをどのように比較すればよいのか、なかなか厄介な問題で

月12円で買える土地家屋
(阪急文化財団 池田文庫所蔵)

ある。右の大正八年と十二年の記事では四年の違いながら、梅田と宝塚間の電車賃は、往復で四十九銭から六十五銭に値上がりし、特別席は二十銭、後者では予約席が三十銭とする。現在の阪急電車では、梅田から宝塚まで片道二百八十円、これを高いとするのか安いと思うのかは、他の私鉄運賃や生活水準全般と相対的に比較するしかない。大正九年時点で、うどんやそばは一杯八銭から十銭、巡査の初任給は四十五円、大工の手間賃は一日三円足らずというのが相場だったようだ。箕面有馬電気軌道鉄道の開通(明治四十三年三月)にともない、沿線の住宅を売り出したパンフレットに「月拾弐円で買へる土地家屋」があり、五、六十坪の土地に二階建て、月十二円の十年払いで自分の所有になると宣伝する。日本で初の住宅ローンの仕組みとなったのだが、これは一般の勤労者にとって支払えない額ではなかったようだ。このあたりから、当時の物価の感覚を知るしかないであろう。

六　松竹との競合

松竹浪花座での宝塚少女歌劇

松竹の歴史は、明治二十五年に大谷栄吉が京都新京極の東向座売店の権利を手に入れ、同二十九年には息子で白井家の養子となった松次郎が京極座と夷谷座《えびすざ》、三十二年には弟の大谷竹次郎が新京極歌舞伎座の経営を始めることによって、二人の本格的な演劇とのかかわりが始まる。白井、大谷の兄弟は京都の五座を持ち、明治三十五年には松竹《まつたけ》合名会社を設立し、三十九年には中村鴈治郎一座の拠点でもあった大阪道頓堀の中座の興行主となる。その後も次々と進出を図り、大正五年にいたるまでに、道頓堀五座と称された朝日座、角座、浪花座、弁天座、中座のすべてを手中にする。

関西だけではなく、明治四十三年には新富座と本郷座を確保することによって、松竹の本格的な東京での展開が始まる。体調のこともあり、兄の白井松次郎が大阪、弟の大谷竹次郎が東京を担当し、松竹による演劇界の全国制覇への地歩を着々と固めていく。

すでに指摘したように、帝国劇場の開場を前に、明治四十一年九月に、川上貞奴の指導による帝国女優養成所が設けられるが、白井も将来の演劇を志向し、大正元年九月に松竹女優養成所を発足させる。東京、名古屋、大阪から百五十八名の応募があり、二十名を合格させ、後に舞台にも立たせるようになる。

大正二年十月の東京歌舞伎座の獲得によって、九代目団十郎、五代目菊五郎、初代左団次などの座つきの俳優もかかえるなど、松竹は名実ともに日本の代表的な演劇興行主となる。大正六年一月には明治座、十二月には浅草六区の定員三千人という吾妻座、翌年十月には浅草御国座（後に浅草松竹）の経営と、矢継ぎ早に歌舞伎、文楽、大衆演劇の世界を席巻《せっけん》し、後には映画制作にも乗り出していく。

松竹の揺るぎのない盤石な世界に、一石を投じるようになったのが、大阪市内からは離れた辺鄙な温泉場で生まれた宝塚少女歌劇であった。大正三年十二月に大阪の帝国座で三日間の宝塚少女歌劇が催され、連日の満員と報じられたところで、まだ驚きもしなかったであろう。大正五年十二月十六日と十七日の両日、毎日新聞社による慈善公演会が道頓堀の浪花座で催され、劇場始まって以来の大盛況という現実に直面すると、松竹は余裕をもって劇場を貸したとはいえ、いささか驚きもしたのではないかと思う。大正六年十二月二十三日、二十四日も慈善少女歌劇会が浪花座であり、開演一時間前から家族連れで客席は満員、新聞の見出しに「開幕から終幕まで大喝采」と躍る文字を目にし、さすがに松竹としては安閑としてはおれなくなった。お伽歌劇の「大江山」や「石童丸」の舞台に子供たちが大喜びする光景は、松竹が全国に展開してきた演劇とは根本的に質の異なるものであった。

宝塚少女歌劇が松竹経営の劇場で公演したのはこの二年だけで、翌年の慈善公演は中央公会堂でするなど、以後かかわらなくなるのは、意図的に松竹が避けたのか、たまたま劇場を貸与する日程が組めなかっただけなのかはわからない。少なくとも、これ以降の松竹は宝塚少女歌劇団の存在に敏感になっていくのは確かである。宝塚少女歌劇団が、翌大正七年五月に東京の帝国劇場で公演し、その評判の異常なまでの高まりは繰り返すまでもないであろう。

松竹少女歌劇団

宝塚少女歌劇団の評判に、演劇界の王者ともいうべき松竹は、浪花座における状況を目にし、東京では帝国劇場での公演の人気に、このまま黙しているわけにはいかなくなる。かつて大阪中座の新装をめぐって、小林一三は演劇論を展開して松竹のあり方と厳しく対立したことがある。明治以降芝居の実績を蓄積してきた白井松次郎にとって、大阪は松竹の牙城との認識もあるだけに、小林は油断のできない存在となっていた。

多くの少女歌劇団が浮沈する姿を目《ま》の当たりにし、帝国劇場の「女優養成所」の轍《てつ》を踏まないようにと、松竹は心して歌劇女優の養成を準備し、指導者の選定も進めていく。女優養成所は三期生までの生徒が入学し、卒業生は松竹の舞台に立つなどはなやかに推移しながら、人気となった女優が結婚するとか芸者になるなど、長続きすることなく、次々と舞台を去るという意想外な結果になってしまう。

本格的に継続する女優の養成をしなければと、松竹は井上起久子の名を前面に出し、大正九年に「松竹専属歌劇女優募集」と、新聞に大きな二号活字を用いた広告を連日掲載する（「花形」大正九年六月号）。井上起久子は帝国劇場歌劇部一期生、ローシーの門下生として活躍し、浅草オペラでも人気の看板歌手であった。昭和三年には「道頓堀行進曲」が大ヒットし、松竹で映画化するなど、彼女とは長いかかわりを持つ。松竹の看板を掲げ、名の知れた井上起久子を旗印《はたじるし》にし、大々的に歌劇女優の募集をしたにもかかわらず、実のところ応募者の数はかんばしくなかったとされる。

大正九年は試行的に実施したにすぎなかったのか、翌年九月十一日に大阪松竹歌劇部が正式に結成され、宝塚少女歌劇団から作曲家の原田潤、振付師の楳茂都《うめもと》陸平を引き抜き、さらに各方面へも手を広げていく。四日後の十五日には応募を締め切り、大正十一年秋には角座で第一回の公演を予定しているという。女優劇では失敗に終わったため、歌劇部生の募集では十分な手回しをしての実施であった。とりわけ宝塚少女歌劇団から原田、楳茂都の松竹入りは、小林一三にとっては衝撃でもあった。大正十年二月にはミナミ歌舞劇団、十一月には評判もよかっ

松竹樂劇部
女生募集
□新設第二部女生　參拾名
新設第二部は日本舞踊を基調としたる新舞踊の創出を企つるものにて東都舞踊界に於て熾烈なる研究家として知られたる藤間静江氏擔當せらる。
□第一部補缺女生　若干名
應募規定
□手當　毎月一定の手當を支給す。
大正十二年四月

新設第２部女生募集

た生駒少女歌劇団の解散と続くだけに、宝塚少女歌劇団としては人材の流出を含めて安閑としてはいられない危機意識を持つ。演劇界の最大手の松竹が、これまでは関心も示してこなかった少女歌劇の世界に本格的に乗り出してきたのだ。

松竹は大正十年九月に続き、十二年四月十四日の一日限り、「新設第二部女生募集」と三十名を募集し、あわせて先年の第一部とする少女だけでは不足をきたしたのか、若干名の補欠も求める。とりわけ第二部生は日本舞踊を基調とした新舞踊の創出をはかるとし、藤間静枝《ふじましずえ》（藤蔭流舞踊の創始者）を招いて指導の担当をすることになったとする。二部生は十六歳から二十五歳まで、一部生は十六歳以上二十二歳までとする。さらに募集要項には、いかにも宝塚少女歌劇団に挑戦するかのように、ことさらに第一部の担当は楳茂都陸平、音楽指揮原田潤と記す。

松竹の少女歌劇は、大正十一年にすでに中之島公会堂で公演したことがある。それがうまくいかなかったことによるのか、翌年になって新たに第二部の日本舞踊部門を設け、先発組の再募集もしたという次第なのであろう。松竹としては演劇における不動の位置を保つためには、次々と仕掛けを持続していく必要があった。この年道頓堀に松竹座が竣工し、五月十七日は開場式、翌日から公演を開始する。

松竹は大正九年に「松竹キネマ」を設立して映画制作にも乗り出し、十一月には蒲田撮影所での第一回作品「島の女」が完成する。大正十二年には道頓堀五座とは別の大阪松竹座のオープンにあわせ、その後の松竹の名物となる〈母物〉作品の最初ともいえる、川田芳子、栗島すみ子による「母」が上

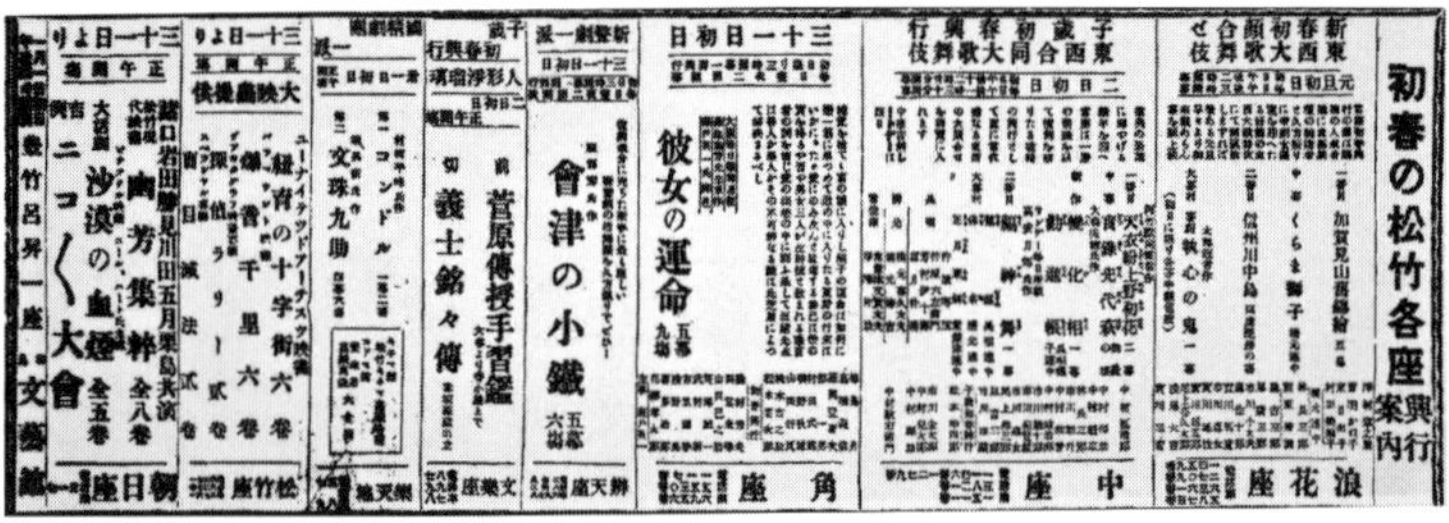
初春の松竹各座 興行案内
浪花座
新春初顔合せ
東西大歌舞伎
元旦初日
加賀見山
くらま獅子
信州川中島
執心の鬼
中座
子歳初春興行
東西合同大歌舞伎
二日初日
角座
三十一日初日
彼女の運命 五幕九場
辨天座
三十一日初日
會津の小鐵 五幕六場
文樂座
初春興行
人形淨瑠璃
菅原傳授手習鑑
義士銘々傳
樂天地
コンドル
文珠九助
松竹座
三十一日より
緑の十字街 六巻
爆香千里 六巻
朝日座
三十一日より
御芳集粋 全八巻
沙漠の血煙 全五巻
ニコニコ大會
文藝館
松竹呂昇一座

松竹チェーンの新春興行「大阪毎日新聞」大正12年12月29日

映される。映画のほかに原田潤指揮による松竹管弦楽団の演奏、松竹楽劇部女生総出演という楳茂都陸平指揮の舞踊「アルルの女」の披露と続く。これは第一部生による、実質的な初舞台だったのであろう。五月二十九日からは、松竹座で一日二回入れ替えの映画（洋画と日本映画）と管弦楽、舞踊を催すといった、道頓堀の他の劇場とも連携しながら積極的に攻勢をかける。

松竹は東京にも進出し、歌舞伎座から浅草の劇場なども獲得し、映画の世界にも乗り出すなど、幅広く演劇活動を展開していたとはいえ、まだ京都、大阪が重要な拠点であり、道頓堀での公演に力を注ぎ、松竹少女歌劇団の育成にも熱心だった。そのような折、大正十二年九月一日に関東大震災の勃発、演劇界は甚大な被害を受ける。新聞では「哀れ都落ちする俳優芸人」「帝劇でも幹部俳優はじめ御自慢の女優連がちり〴〵になる」などと、大きな見出しで騒がれる。映画制作の会社は東京を離れて関西に移り、俳優たちはつてを求めて地方公演で生きるしかなく、江戸落語や浅草芸人は滅亡の状態などと記事は続く。東京の俳優たちを受け入れ、舞台を提供したのが松竹であり、震災復興後はますます俳優との契約により演劇界における独占的な大きな存在となっていく。

大正十三年の松竹チェーンの大阪の新春興行は、東京の低調さとは異なり、我が世の春を謳歌するはなやかさであった。浪花座は東西初顔合せによる豪華な陣容の歌舞伎、中座は鴈治郎、歌右衛門の歌舞伎、角座は花柳章太郎《はなやぎしょうたろう》、霧島昇《きりしまのぼる》による新派「彼女の運命」、弁天座は新劇の「会津の小鉄」、文楽座は人形浄瑠璃、楽天地では新派と松竹キネマの映画、それに安来節《やすきぶし》等、松竹座は洋画四本、朝日座は松竹の現代映画と洋画、文芸館は女義太夫の豊竹呂昇《とよたけろしょう》と、人々の演劇の関心をすべて迎え入れようと店開きをする。

同じ時期、東京では松竹キネマが「復興新年」と銘うち、系列の電気館、帝国館、松竹館、大勝館で興行を再開するものの、日活や他の劇場もそうなのだが、寥寥《りょうりょう》たるもので、道頓堀のような賑やかさは見られない。急速に劇場の再建もなされたとはいえ、撮影所を始めとして、演劇人の多くは地方巡業をし、関西を拠点に活動するなどの状況にあった。

松竹少女歌劇が世間の話題になるのは、大正十五年（昭和元年）四月一日から松竹座での「松竹歌劇部女生総出演」とする「春のおどり」で、その後も長く続く松竹の名物となる。同じ四月一日から、宝塚少女歌劇でも月組の舞踊「春のおどり」三場が催される。興味深いことには、その宣伝のことばに、

　よそのまねをして、春のおどりを上演致します。よそと比較して、如何に宝塚が優秀であり、群をぬいてゐるかを実地に御覧下さい。

と記す。わざわざ「よそのまね」をしたと言い立てるのは、明らかに松竹少女歌劇団を指しており、

しかも宝塚少女歌劇がいかにすぐれているかを比べて見ていただきたいと主張する。松竹への敵愾心《てきがいしん》むき出しといってもよく、これまで真似をされてきたことへの、宝塚の先輩としての意地でもあるのだろう。松竹が四月から「春のおどり」をするのを知り、それでは宝塚でも舞台化しようと、すぐさま振付や構成を整え、同時開催として張り合うことにした。この話題一つにしても、宝塚少女歌劇団を率いる小林一三と松竹との対立は演劇の考えの違いとともに、根底では競合が執念深く続いていたと知られる。

中座改築の波紋

道頓堀の中座の歴史は江戸初期にまでさかのぼるが、その推移はともかく、松竹が自社の劇場にしたのは明治末年であった。中座の改築工事は大正七年には始まり、工事が長引いたこともあり、やっと囲いが取り払われ、壮麗な威容が姿を現したのは二年後のこと、そのすばらしさは東京でも評判になっていた。両隣の浪花座、角座と、櫓《やぐら》、破風《はふ》、装飾的な大屋根なども、それほど変わらないように見える。ただ、櫓に用いた金物は一目で材料や細部へのこだわりがわかるし、とりわけ大屋根は一段とはなやかな立派さ、まるで本願寺の大寺院を連想させる大きさでもある。

三月のある日、劇作家・演劇評論家で、「新演芸」主筆の岡村柿紅が、東京から訪れて見聞記を書く（「新演芸」大正九年四月）。大阪の劇場はとかく派手で、浪花座や角座は「あくどい位に花やかに飾ってある」のに比し、中座はこれ見よがしに建物を見せようとはしていない。東京では正面入り口は大《おお》間《ま》と称するが、中座はそれがなくショーウインドーにし、左右に出入り口を設け、一つは茶屋口、一つは観客用で、いずれも狭い。正面のガラス戸越しには、十円の場代を払った見物客が見えるようになっていて、往来の客を羨ましがらせるようにする。内部の設備はすばらしく、一部に椅子席のあること、地下の下足《げそく》預かり、楽屋の間取りにいたるまで詳細に紹介していく。正面舞台を照らす光線と、ガラスを通じて入ってくる外の光は何とも煩わしく、設計としては無謀だとも非難する。

中座は、これまでと同じく鴈治郎の演じる劇場となり、改築以前は古ぼけた存在だったが、今では道頓堀第一の大劇場に変貌したと、別の記事でも紹介される。費用をつぎ込んだだけに入場料金は高く設定せざるを得ず、薄田泣菫《すすきだきゅうきん》（詩人、「大阪毎日新聞」学芸部長）は手厳しく批判し、「注文を一口で言へば、いゝ芝居を廉《やす》く、その上気持よく観《み》せて貰《もら》ふ事です」とも付け加える。

大正十年一月十九日、中座改築の柿落《こけらおと》しがあり、小林一三は招待を受けて出かけ、五十万円投じたとか、七十万円投じたというだけあり、その壮麗さに驚き、松竹にとって大阪のもっともすぐれた劇場になったと賛美しながら、豪華さには疑念を持たずにはいられなかった。小林はかねて国民劇とはどうあるべきかを考え、歌舞伎は改革すべきだと述べてきただけに、演劇の内容よりも美麗過ぎる中座の改築に心血を注ぐ松竹の姿勢に、許されない思いがする。

大正三年に温泉客の余興として始めた宝塚少女歌劇は、年を追うごとに評判となり、家族連れで楽しむ演劇として知られるようになった。大正五年には松竹系の浪花座で大盛況となり、大正七年には東京にも進出して帝国劇場で演じ、ますます世評を高めるという結果に、小林一三は新しい日本の演劇改革に向かって踏み出していく。それまでの国民劇とは、即ち歌舞伎を意味しており、明治になって西洋の演劇の影響のもと、人々はそこから脱しようと新しい演劇をめざし、新劇、新派、オペラ、それに女優劇等と挑戦してきた。ただいずれも持続せず、再生を繰り返しているのが現状である。

江戸以来の歌舞伎見物は、午前中から夜も遅くまで、客は三味線の音を聞きながら、茶屋から料理や酒を運ばせ、飲み食いして談笑し、いわば花柳界の延長でしかない。ゆったりとした時間があり、費用を惜しまない者の遊びであり、子供はもちろん、家族で楽しむ場でもない。明治も後半になると、開演時間も昼夜の二部制になるとか、茶屋制度の廃止、椅子席を設け、切符の導入などの改革もなされていく。すべてがそうなったわけではなく、大阪の松島八千代座では、開場十一時、閉場は午後十時というのだから、客は出入りできるにしても、舞台人は長時間の拘束であった。

小林一三は、自分の日ごろの国民劇創成の考えもあり、大正十年三月の「大阪毎日新聞」日曜版に、「松竹経営者白井君」として連載し、白井松次郎へ公開質問を突きつける。臆することのない大胆さというほかはないが、それだけ小林は思い詰め、松竹のあり方によっては、今後の日本の演劇界が誤りかねないと憂慮した結果であった。

「松竹では何故に巨額の資金を投じて、かくのごとき馬鹿げた劇場を新築するに至ったのか」というのが、小林の根本的な疑念である。高額を投じながら客席の少ない劇場では、多くの人々が容易に、しかも安価に演劇を見ることはできない。俳優を午後一時から夜中の十一時まで縛ることは虐待にほかならなく、観客も長時間の拘束により疲労してしまう。夕方の六時から十時頃までの開演にするか、せめて昼夜二回にし、四、五千人収容の劇場にすれば、入場料は廉価に抑えられる。このほかにも具体的な指摘をし、歌舞伎の旧態依然とした公演方法から脱し、家族でも楽しめる民衆芸術としての国民劇創成に向かうべきだと提案する。

小林一三にとって、宝塚少女歌劇の公演は、たんに電車に乗って温泉に入浴する客を増やすだけが目的ではなく、実験材料にしてこれからの新しい国民劇の創出を志向していた。宝塚少女歌劇は発足してまだ五、六年ながら、演劇方法の意見の違いもあり、小林自らが脚本を書き、既成の楽譜をつぎはぎにして舞台曲を作った時もあった。少女だけの歌劇をしたところで、宝塚の辺鄙な土地まで見物客が訪れるはずはない。新温泉の余興として「ただで見られる」と呼び込み、客の喜び方、反応の姿を観察し、家族も楽しめる演劇とはどのようなものかを求め、舞台を通じてさまざま試みてきた。明治十五、六年頃から演劇改良が声高に叫ばれ、多くの識者が方法論を唱え、劇団が生まれて数々の役者が演じてもきたが、成果は一向に現れない。研究者でもない小林一三は、自らの劇団を用いて試行錯誤し、一つの成案として「国民劇の創設」なる一書をまとめることにした。そのような時期に出くわしたのが、きらびやかな中座の出現であり、招かれて深く嘆息した演劇界を背負う松竹への懇願であり、変革しようとしない歌舞伎のありように対する落胆でもあった。

　松竹が少女歌劇の創設に踏み出したのは大正九年、宝塚歌劇団にとっての花形的な存在であった楳茂都陸平、声楽家で作曲家の原田潤が引き抜かれ、若手のピアニストも連れて行かれるという直接的な被害に遭う。小林一三（公平逸人のペンネームを用いる）は悔しい思いを「新設せられんとする松竹歌劇部の運命」（「歌劇」大正十年十一月）なる一文を草し、松竹の「辛辣なる行動」、「松竹は商売人である」とし、「義理も人情も通用しない此社会」と批判し、深刻な事態に直面した宝塚の現実を嘆き、この社会では仕方がないのかと諦めの姿勢も示す。宝塚少女歌劇団はいくらもがいたところでアマチュア集団にすぎなく、同じく少女たちによる劇団を始める松竹ならば、どれほど専門的に芸術性を高めていくことだろうかと、なかば傍観的に突き放す。松竹はあくまでも商売として営業するにしても、小林は宝塚少女歌劇を無料にすることによって芸術性を追い求め、「国民劇創出」を志向してきた。努力を重ねたところで、所詮は無理なのだろうかと、小林はいささか卑屈な思いに陥ってしまう。

「宝塚側が偏狭であるか、松竹側が悪辣《あくらつ》であるか、其辺の感情の衝突であるのではないでせうか」と、ささやきのことばながら、重要なスタッフの引き抜きにもあっているだけに、松竹の態度に異議を唱えて抵抗する。今さら仕方がなく、「すでに松竹歌劇部が堂々と旗上げをして、女子供の養成に着手してゐる以上」は、同じ土俵で争っても話は低級になるばかりで、演劇の向上には一向につながらない。松竹が今後どのような方向に進もうとも、宝塚少女歌劇団としては、理想としてきた国民劇への道を歩むしかない。各地に生まれた数多くの泡沫的な少女歌劇団の浮沈はともかく、演劇界の長たる大松竹までが、宝塚を模倣した少女の演劇にどうして乗り出したのか、いささかあきれるような、何をめざす演劇会社なのかと不審に思えてしまう。後年になって小林一三は、松竹少女歌劇団の創設について、「その当時宝塚はどんなに苦しんだか」（『宝塚漫筆』）と回想するように、平静さを装いながら、きわめてつらく悔しい思いの時を迎えていた。

小林一三にとって、中座を通じての「白井君へ」とする松竹への批判は、国民劇創設の純粋な演劇論としての提言であったにしても、底には少女歌劇団をめぐる激しい対立が存在していた。松竹の「春のおどり」を宝塚少女歌劇が模して同時期に開き、そのことをわざわざ新聞広告に出すのも、宝塚がいかにすぐれているか自負の表明であり、小林にはいささかの鬱憤晴らしもあった。松竹は昭和三年に東京にも松竹歌劇部を設け、昭和六年には合同して松竹歌劇団（ＳＫＤ）となり、昭和初期は浅草を拠点としてレビューで大活躍していく。宝塚少女歌劇団の生徒の名は「百人一首」に由来したのに対し、松竹の芸名は「万葉集」を用い、梅組・桜組の組織（後に松・竹）にするなど、明らかに宝塚少女歌劇の後を追い、人気を奪うまでの勢いになる。

昭和七年八月の秦豊吉《はたとよきち》・菊池寛《かん》などとの座談会で、小林一三は本格的に劇場の東京進出を具体化していた時期でもあるだけに、次のような発言をする。

宝塚といふものが日本にただ一つであった時代は何をしてをつても、お客さまがついて来ます。

今日では、すでに、大阪にも東京にも松竹楽劇部といふものが出来て、それが、早晩、帝劇なり、他の劇場へ本拠を据ゑて競争的になつて来る。松竹は今でこそ芝居に力を入れてをるけれど、結局、我々のすることを真似て、宝塚と同一方針のもとに対立すべきものと信じてゐる。さういふ前途を考へると、宝塚が一地方にをつては進歩がおくれる。東京へ来て、敵手の刺激を受けて自分の価値を発揮しようといふことになるのです。

宝塚を拠点にし、東京へ年に一度出張して公演する現状を根本的に変え、宝塚少女歌劇も松竹と同じ東京で競合し、さらなる進歩をしていきたいと強い野心ものぞかせる。演劇の世界で松竹は独占的な存在だけに、舞台公演となると俳優を借りなければならない。すっかり対立すると、宝塚の舞台もなりたたなくなる。小林にとってはよき先達でライバルでもあっただけに、松竹が歌劇部を設け、宝塚少女歌劇団から有力な指導者を奪い、組織構成まで模倣し、開拓してきた演劇の分野を奪おうとすることへの恨めしい思いが、小林の根底にはあった。本質的には、松竹と小林との演劇の考え方の違いが大きい。

松竹と宝塚との対立は、大正十年頃になるとかなり深刻な状況になっていた。「新演芸」（大正十一年三月）に掲載された「演劇時事」（大正十年十二月二十七日）に、

▲松竹と宝塚の争い　松竹合名会社は楽劇部を成立して以来、宝塚少女歌劇に喰ひ入って行ったのは既報の事実だが、その為宝塚の小林氏憤慨して某新聞でその不人情を鳴らしたが、その遺趣晴しか、松竹では宝塚新温泉東横手の土地三千坪を六十万円で手に入れ、大娯楽場を建てる事に

決定した。

と報じる。松竹は少女歌劇部を立ち上げ、宝塚少女歌劇団の牙城を今のうちに圧倒しておこうとの計略である。大阪だけではなく東京での人気を見るにつけ、宝塚は劇場を持たないとはいえ、少女歌劇というソフトによって、いずれ松竹を脅かす存在になるとの危惧の思いがあったのであろう。

松竹は次々と各地の劇場を手にし、国民劇の歌舞伎をはじめとする演劇、近年では映画等の娯楽を自前で公演する、新しい形態の独占企業体を作り上げてきた。そこに少女歌劇という新しい演劇の将来性を知り、本格的に乗り出すために、即戦力としては宝塚少女歌劇のスタッフを引き抜き、舞台演出も模倣することであった。それだけではなく、本来の演劇として自負する歌舞伎にも力を注ぎ、道頓堀の中座をこれ見よがしの美麗さで改築した。右に引用した「演劇時事」で、小林一三が新聞でクレームをつけたというのは、「松竹経営者白井君」と呼びかけた、「大阪毎日新聞」での公開質問状を指す。

いきなり新聞という公開の場で、白井松次郎は直接名指しされ、中座への批判を浴びたのは、驚き以上に、歴史ある松竹の沽券《こけん》にもかかわり、腹立たしい思いがしたはずである。その怒りの感情から、宝塚新温泉のすぐ近くに三千坪の土地を六十万円で購入し、大娯楽場を建てることにしたというのは、あまりにも稚拙で性急すぎる。むしろ宝塚が人の集まる場所であるのを確認し、密かに劇場建設の計画を進めていたのではないかと思う。ただ松竹の社史にはそのような事件は書かれていないし、宝塚の土地についても記録は存在しない。事実だとすれば、宝塚少女歌劇団の存亡にもかかわるだけに、きわめて深刻な状況というほかはない。

この一文だけであれば、あるいは勇み足のガセネタといえなくもないが、具体的に三千坪とか購入金額まで書くからには、まったくの虚偽とも思えない。小林一三が松竹を「辛辣なる行動」と難じたのは、このような具体的な行動を指摘したのであろうか。志賀つゆ子は棋茂都陸平や原田潤が離れてすでに半年が過ぎた寂しさを記し、

その上、二人の先生をさらっていった松竹では、更に宝塚少女歌劇と程ちかい所に、一大歌劇場を建設すべく、今日ではどしく\〵その工事に着手しました。云ってみれば、まるで、「つらあて」のやうなものです。平気でゐらつしやつた先生も先生なら、松竹も松竹です。例え、それはそこにどんな事情があらうとも……私のしってゐる宝塚の生徒さんは、かういって口惜しがってゐました。（「歌舞」大正十一年三月号）

と松竹による「一大歌劇場」建設の実情を記す。志賀つゆ子は宝塚に近い人物なのであろう、宝塚の生徒たちは松竹の劇場がすぐそばに進出する悔しさを述べ、しかも計画の噂ではなく、目の前で工事は進められていた。スキャンダルをもっぱらとする新聞には、連日にわたって、小林一三と松竹との騒動を大仰に書いていたというのだから、周知の事実だったようだ。

小林一三が書いた中座新築をめぐる松竹への批判記事に、これほどまでの異常な反応を示すとは考えられなく、演劇の拡大方針のもとに、道頓堀だけではなく、新しく歓楽街になりつつある宝塚への進出計画もかねて存在したのであろう。そこでは創設したばかりの松竹少女歌劇の公演ができるよう

にと考えていたことから、世間では小林対白井（松竹）の対立と、興味本位に煽り立てていたのかもしれない。

新しい演劇の創出へ

宝塚歌劇団としては、松竹がすぐ横に三千坪の敷地を購入し、劇場を建てるという構想に驚き、具体的に工事が始まってくると、少女たちを始めとして関係者、観劇に訪れた人々も動揺し、あるいは興味津々と見てもいたであろう。ただ不思議なことに、この騒動は一時的なものだったようで、劇場は出現しなかったところをみると、着工しながら全面的に中断し、引き上げてしまったと思われる。小林一三が和解に向けて働きかけたのか、松竹の経営戦略の見直しによるのか、経緯を知る資料は見当たらない。宝塚の温泉街に、宝塚少女歌劇の劇場だけではなく、松竹も演劇場を設けて競合していたとすれば、その後どのような状況になっていたのか、興味のある話ながら夢物語になってしまった。

小林一三は、騒ぎに巻き込まれることもなく、演劇の改良を考え続けていた。すでに指摘したところだが、当時の演劇の公演時間はあまりにも長すぎた。俳優・演出・作詞・音楽評論家であり、浅草オペラを築いた一人の伊庭《いば》孝《たかし》は（「歌舞」大正九年十月号）、

歌劇の興行時間は、浅草などでは午前十時から午後十時迄十二時間。松竹の劇場では午後一時、或は正午から十時半頃迄十時間位。

と、この時代になっても古くからの慣習が踏襲されていた。オペラ役者は閉幕後の夜中十二時過ぎから稽古を始め、終えて休めるのは二時、三時になるという悲惨さである。これでは歌劇の改善などとても無理で、役者は昼夜をわかず働き続けなければならない。練習はお粗末になり、科白《せりふ》やメロディーはうろ覚え、歌詞は「ラララララ」でお茶を濁すというのは、役者のせいではなく制度の罪だと糾弾する。せめて開演が午後二時にでもなれば結果はよくなるが、そうなると客をあてにする浅草の飲食店が許さないだろうともする。

変更できるのであれば、午後四時、一回の開演は三時間、せめて夜十時には終演し、日曜祭日は午後一時からにして昼夜二回公演というのでもよい。目下の急務は、「興行時間短縮」であると、伊庭は強く主張する。宝塚少女歌劇は、もともと新温泉客への余興であるため、伝統的な芝居の慣習とはかかわりなく、午後一時か二時に始め、家族連れも多いため夕方までには終演する。大正六年のころから日曜は夜間も開演したが、それ以外の曜日は従来通りの公演時間で、大阪市内の帝国座においても守られていた。

演劇改良は、興行主と役者との関係はもちろんのこと、舞台の質的な内容とともに、観客本位の演劇に制度を変えることであった。改革は明治三十七年の大阪朝日座でも大規模に試みられるなど、一部では早くから進められていた。開演時間は五時、幕間は十分、閉場前は休憩三十分、観劇料は切符制として五等までの区分、規定料金以外の下足預かり、敷物、火鉢、番付は無料、劇場内での茶菓以外の飲食は禁止、業者は正札で販売、制服の男女「ボーイ」の配置、祝儀の廃止等といったところで、茶屋制度の反対を押し切っての断行であった。新しく出現した帝国劇場でも、椅子席の導入など大幅な改革に踏み切る。茶屋の制度を削ぎ、当然のことながら観客本位の演劇形態へと進む。

それでも多くの劇場は因襲から脱却できなかったようで、演劇評論家の浜村米蔵は（「新演芸」大正十一年八月）、帝劇でしているように四時間が限度だとし、五時間も十時間も芝居を見るのは苦痛になると指摘する。時間が長くなると、客は升席で酒を飲みながら舞台で演じる役者に文句を言い、からかいのことばを投げかけるなど、まるで相撲見物でもするようなありさまである。国際的には八時間労働が標準になっており、そうすれば時間に余裕ができ、役者は勉強をする時間が持て、脚本家も芸術的な作品が書けるようになり、上演時間も短くなれば入場料も安くなる、などと問題点を指摘する。当時この種の論議はいくらもあり、演劇が大衆化するにともない、特権階級の占有物から解放し、一般の者も観劇できるようにとの社会意識が強く生まれてくる。

小林一三が改築された中座の美麗さに驚嘆し、白井松次郎に新聞という公器を用いて「公開質問状」を突きつけたのも、このような時代的な背景が存し、新しい時代で演劇が生き残るには、根本的な改良による国民劇に生まれ変わるしかないとの強い信念に基づく発言であった。歌舞伎が国民に好まれてきたのは、音楽、唄い物、踊りを伴い、動作・扮装の絵画性、話材の豊富さなどによっており、いずれも娯楽性がある。これを洋風にしたのが宝塚少女歌劇だけに、歌舞伎も新しい時代にふさわしく調和した芸術にすべきだと、小林は現状の打破を主張する。

具体的に、歌舞伎は五千人ばかり収容する劇場でする必要があり、そのために四時間で見終える三、四幕物に内容を改良し、三味線の常磐津《ときわず》などではなく、洋風の歌い方と西洋楽器の導入、大劇場の声量にふさわしいセリフ、大舞台に適応した舞踊や舞台装飾にする、といった提案である。入場者が少ないにもかかわらず、費用のかかる豪華な劇場を建て、しかも長時間の公演となれば、役者へ支払う出演料も増え、それが観覧料に反映して高額になってしまう。国民劇というのは、容易に安価に、子供連れの家族にも見せることが原則であり、現在の松竹の方針だとこれと矛盾してしまう、というのが小林の基本とする提言であった。演劇人の視点からすれば暴論と映るであろうし、小林一三からすれば宝塚少女歌劇の進もうとする姿でもあった。

新聞への寄稿という体裁の質問状に、白井松次郎はとまどったはずで、新聞社からも返答を求められたのか、翌月に短評を掲載する。要するに小林の言い分は、「現在の観劇法が七面倒」であり、「料金が高い」という二点にあり、中座の特殊性から離れ、国民劇のあり方と結びつけるなど、演劇改良の一般論に展開してしまっていると反論する。容易で安価な芝居を求めるのであれば、すぐ近くの弁天座や角座でいくらも実施している。中座での鴈治郎の芝居を、四千人の大劇場で「もっとやすく軽便に」見せよということなのかと、白井は現実性のない小林論を痛烈に批判する。伝統の歌舞伎興行を重んじる松竹と、宝塚少女歌劇から出発した小林一三との演劇の考えの根本の違いが露呈する。

大劇場で歌舞伎を演じても、劇そのものは動きが少なく、表情も見えず、身近に三味線の音と浄瑠璃の語りに陶酔して場面と一体化を覚えてきた観客には、興ざめというほかはない。舞台があればよいというものではなく、芝居小屋の入り口からすで歌舞伎の情緒に浸り、劇場内の雰囲気、それは緞《どん》帳《ちょう》一つにしても昂揚感が味わえる。舞台で演じるだけが歌舞伎ではなく、芝居小屋全体で包まれてこそ歌舞伎の醍醐味だとする。中座でそれを実現しようと企てた白井にとって、歌舞伎俳優がピアノの伴奏で演じ、オペラのように歌い、広い舞台を駆け巡るなど、とてもあり得なく、小林一三の提案は歌舞伎改革とは無縁な存在だった。

歌舞伎そのものも大衆の好みにあわせて変革すべきで、三味線ではなく洋楽を入れ、長々と演じるのではなく、幕間《まくあい》も一度でよく、内容の簡略化によって公演時間を短縮すれば、安い料金にすることができる、というのが小林一三の考えであった。大劇場での公演となれば、それまでの豪華で狭い小屋とは異なり、脚本から演出、舞台装置、セリフ、それに挿入する音楽も変えざるを得ない。現在の学校教育では洋楽であり、子供にとって三味線は縁のない存在である。歌舞伎社会が政界や富者の財界、それに花柳社会との結びつきが強いだけに、国民大衆の国民劇に取り戻したいとの考えがあった。小林は歌舞伎劇の歌劇化とまで口にするが、松竹はオペラにするような考えはさらさらなく、歌舞伎に対する根本的な考え方の違いであった。松竹の大谷は「歌舞伎は保存すべきもの」と言っているが、「歌舞伎劇は変化すべきで、国民劇であるからだ」と小林は反論する。時代の推移とともに、歌舞伎も国民劇としての変貌を遂げていくべきだとの考えで、伝統か革新かと、新しい時代になって論議され続けてきたことでもある。ただ、小林のように歌舞伎から三味線をはずしてピアノにし、歌ったり踊ったりすると、もはやそれは歌舞伎ではなくなってしまう。

松竹としても、歌舞伎は古典芸能として現在のまま保存すべきだとは考えているはずはなく、伝統の型を継承し、役者の個人的な人気だけではなく、時代に相応した演出を工夫してきた。ただ小林一三の指摘するように、明治から大正へと激変する時代において、歌舞伎や新派だけでは将来の見通しがたたなく、宝塚少女歌劇の成功の後に、陸続と各地で少女歌劇団が設立されていった現状を注視し、松竹としても新興の分野に、映画制作もそうなのだが、活路を見いだそうとしたのかもしれない。そのあたりの確執が、宝塚の地に松竹が演芸場を建設するという行動に出たともいえよう。

七　大劇場の建設

宝塚少女歌劇の東京公演

宝塚少女歌劇の機関誌として「歌劇」が世に出たのは、大正七年八月のことであった。すでに創刊以来百年の時を経、戦中戦後の一時期廃刊になっていたが、再開されて今日にいたっており、百周年記念号が通巻千百十五号というのだから、その息の長さに驚くほかはない。当初は歌劇に限らず、広く演劇に関する月刊誌として編集され、現在ではその方面の歴史をたどる資料として不可欠な存在となっている。宝塚少女歌劇がプール劇場で公演した大正三年四月から四年目、なぜこの時期に発刊するにいたったのか、それは五月の帝国劇場での公演が関係するのであろう。前年に東京での開催が内定すると、小林一三は宝塚少女歌劇を全国的な存在に位置づけ、かねて主張する国民劇の創成に踏み出す媒体にしようと準備を進めていた。

早くから各種の演劇雑誌に、宝塚少女歌劇の舞台姿や活動の姿が記事として報じられてきたとはいえ、主体的に演劇のありようを発信する場は持っていなかった。関西を中心の活動から、帝国劇場の公演を契機として、理想の演劇に向かい、全国的に知られる少女歌劇にするためにも、雑誌の「歌劇」は有効な存在となる。なお付記すると、大正元年九月に「山容水態《さんようすいたい》」という、箕面や宝塚の名所案内、宝塚で催す各種の行事、沿線の住宅開発、坪内逍遥の論評、少女歌劇の脚本、さらには和歌、俳句も掲載する文芸誌を発刊していた。これを発展継承したのが、東京進出を機縁として生まれた「歌劇」であった。

宝塚という地方の演劇を、初めて東京の帝国劇場で公演をするにあたって、小林一三自身名誉に思う一方では、

実は非常に恐怖して居る次第であります。歌劇とは申すものゝ、頗《すこぶ》る幼稚なる、未熟なる、其理想の一部分すらも表現し得ない我少女の芸術を、東京の本舞台に於て、知識階級の観客の前に提供して御批判を願ふといふことは頗る大胆な行為であるかもしれません（「歌劇」創刊号）。

と、不安な思いを吐露する。話題にもならなければ、これまでの努力は水泡に帰しかねず、大阪では評判になったとはいえ、東京でも評価されなければ、たんなる地方劇団の一つとなりかねない。小林一三の描いた国民劇構想も、根本的に見直す必要があり、宝塚少女歌劇の存続とて危うくなる。東京公演は、かなり勇気の必要な行動だった。

初めての東京行きは、出発前から周到な準備が進められる。多くの人目にさらされるため、車中はもちろん、宿と劇場との往復は、いつも「久留米《くるめ》絣《がすり》の単衣《ひとえ》」に袴という端正な姿で通すことにした。集団行動のユニホームは、かえって少女たちの人気を高める。寝巻、楽屋着、襦袢《じゅばん》（襟は白のモスリン、

汚れやすいので二三枚用意）、足袋《たび》に化粧道具、常用薬などと、日常的な心構えなどこまごま指定する。旅慣れない多くの少女たちを引率するのも、気苦労のいることで、東京へ行く準備費用、日々の小遣い銭まで渡される。

旅行中の心得として、喉が渇いても生水は飲まないようにと命じる。知らない土地での水は下痢を引き起こしがちで、一人の病気が全体に影響しかねないと注意する。気分が悪くなれば即座に相談し、無駄食いをせず、寝冷えに留意し、声高なおしゃべり、大きな声での笑い、ふしだらな行いも慎み、いつも清潔さを保ち、時間は厳守、などと修学旅行生以上のこまやかな配慮であった。好奇な目で見られているだけに、一人でも不審な振る舞いと指摘されようものなら、それだけで宝塚少女歌劇団全体のイメージが損なわれ、監督者の責任も追及される。

楳茂都陸平は「東京見学旅行記」として、出発から帰阪までの十八日間を詳細に記録する（「歌劇」創刊号）。大正七年五月二十二日、大勢の見送りに取り巻かれながら大阪駅構内に入ったのは午前八時ころ、新聞社の写真班のマグネシウムの音と光にしばしば驚かされ、連結された貸切り列車に乗り込む。名古屋駅では花束贈呈、夜八時半ころに東京駅着、多くの人々の歓迎を受け、玄文社の提灯が重なって見える。ここでも新聞社や雑誌社のフラッシュを浴び、やっと車に分かれて乗り込んだのは九時過ぎになっていた。

二十三日は帝国劇場でのリハーサル、午後からは市村座で梅幸《ばいこう》・菊五郎の連獅子見物、二十四日は東京見物となり、まずは玄文社へのあいさつ、増上寺から日比谷、宮城前《きゅうじょうまえ》、日本橋の三越で昼食、浅草から上野公園等を見て宿舎に戻ってくる。二十五日午前は休養、午後は高輪《たかなわ》毛利公爵邸での上演、東伏見宮妃《ひがしふしみのみや》殿下等の臨席があり、夕刻は帝国劇場での女優劇の見物をする。二十六日午前中は東京音楽学校の演奏会を聞き、午後から本番の帝国劇場での公演となる。この後も午前中は自由時間、午後五時から舞台という五日間であった。連日の盛況ぶり、客席には幸四郎、梅幸等の姿もあった。楳茂都陸平は坪内逍遥宅を訪れ、今後の歌劇のありようなどを聞き、六月公演の稽古の予定も入れなければならない。

五日間の帝国劇場の公演は満席というありさまで、とりわけ最終日は劇場始まって以来の大入りであったという。複数の企業から延長公演の希望が寄せられ、帝国劇場が空いている昼間に公演し、続演するようにと求められもしたが、約束通りの日程で打ち上げる。三十一日は江の島遊覧、六月一日に東京を離れて名古屋へ、二日は御園座での公演、三日は名古屋城見物をして伊勢へ向かい、四日は伊勢神宮の参拝、夕方には京都に帰ってくる。五日は休養、六日、七日は京都岡崎の公会堂で公演、八日に大阪梅田に着くと、家族や多くの人々、各報道機関の出迎えを受け、無事に東京公演は終了となる。このスケジュールがその後の東京公演のモデルとなり、年中行事として毎年人々に待望され、着実に愛好者も増えていくことになった。

帝国劇場での公演では、劇場側の規定により特等四円、一等三円五十銭、二等二円五十銭、三等一円五十銭、四等一円という、諸経費がかかるにしても、宝塚とは比較にならない高額な入場料金だった。それでも評判が評判を呼び、チケットの購入ができない状況となり、一等を申込みながら三等しか入手できなかった、などといった嘆きの声も聞こえてくる。経営的になり立っただけではなく、それ以上に宝塚少女歌劇の公演は意義のある大成功であった。それまで辛辣なことばを連ねていた演劇評論家も、舞台を目にして新しい歌劇の訪れになったと、新聞、雑誌等の媒体で称賛し高く評価する。すでに述べたように、宝塚少女歌劇が全国各地に少女歌劇団の結成ブームを引き起こすとともに、社会的には演劇改良への機運を高める結果ともなった。

多角的な劇場経営

大正七年五月の東京での公演の成功は、宝塚少女歌劇が温泉の余興から脱して、新しく自立した演劇として存在することになる。入場者のめどがたつとともに、今後も確実に拡大するためには、プールでもあったパラダイス劇場では、もはや収容しきれなくなると判断する。大正八年三月に箕面公会堂を移築して新しい歌劇場とし、少女たちを一部（花組）と二部（月組）に分け、二つの舞台で公演回数を増やすことにした。

大正三年四月から宝塚新温泉の余興として始めた宝塚少女歌劇は、回を重ねるごとに着実に入場者は増えていった。最初の年は開演日数一六九日、入場者は一九一一五人、一日平均すると一一三一人である。少しずつ公演日数も長くなるにともない、一日平均の入場者も二百人、三百人と増加していく。大正七年には二〇一日の開演日数、平均すると二一二六人の見物客が毎日訪れるという、すっかり宝塚の名物として定着する。東京公演の成功のニュースも、人々の関心をさらに高める結果になった。公会堂劇場ができあがり、それまで以上の人々が入場するようになる。

公演回数も増え、順調に推移していたのだが、すでに述べたように大正十二年一月二十二日の火災によって、たちどころに両劇場を失ってしまう。ただ驚異的なスピードで二か月後の三月十八日には宝塚中劇場、大正十三年七月十九日には四千人収容という宝塚大劇場が竣工して開幕の日を迎える。これまでとは異なり、規模の大きな二つの劇場をかかえ、地方公演もあるだけに、この年の五月には新しく雪組を結成し、七月一日から第二歌劇場とする中劇場で、昼夜二回の初舞台を踏む。大劇場では、月花の合同公演による開場開き、総勢二百人を超えるというはなやかさであった。

前年の九月一日の関東大震災による東京の消沈ぶりとは異なり、流入する演劇人も多く、関西の演劇界はますます隆盛の様相を呈していた。一部と二部が専用の劇場で、新しい歌劇をめざす組とお伽歌劇組に分けた失敗から、月花雪組がそれぞれすべてのジャンルを交互に演じるスタイルに編成する。

宝塚大劇場開場　大正13年７月19日

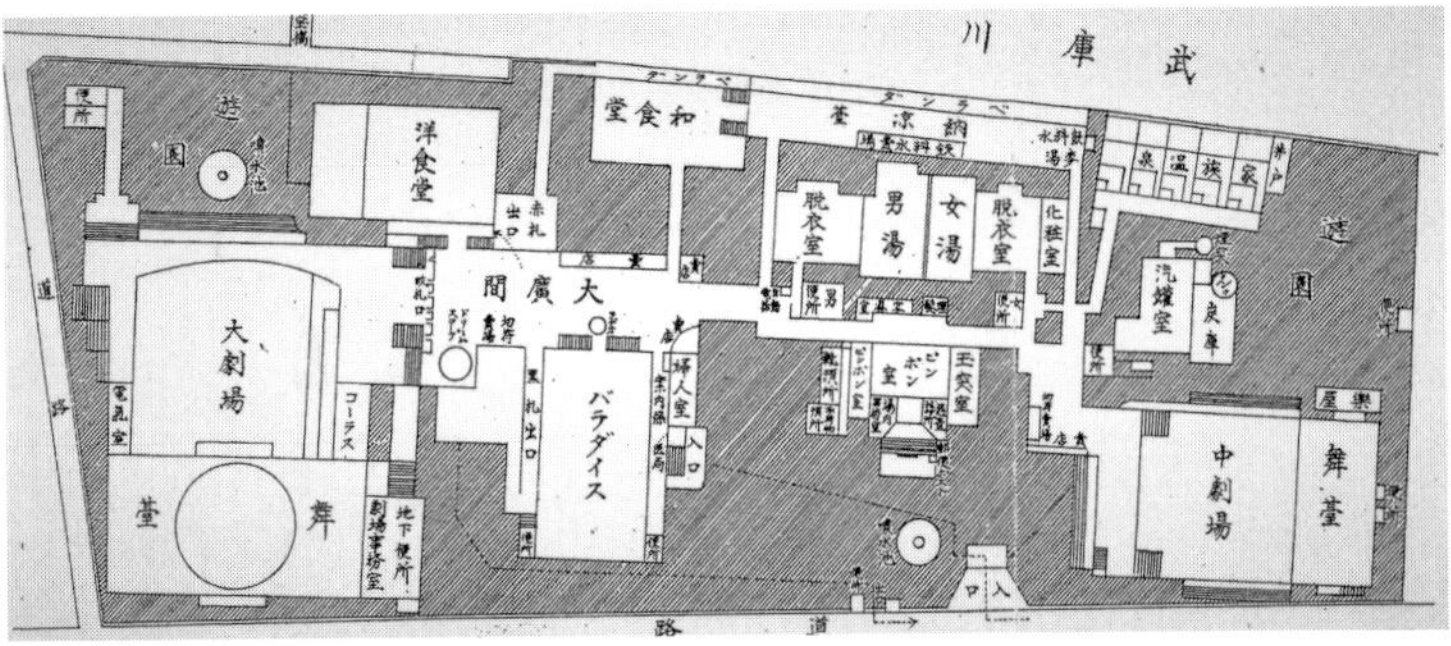

宝塚大劇場、中劇場、温泉見取り図

小林一三にとって、大劇場の新築は国民劇創成の趣旨に基づくもので、三組によって一年八回、一か月公演として八か月は舞台を埋めることができる。残りの四か月は市村座菊五郎一座などに開放し、少しずつ大劇場向きの自前の演劇を創出していくという構想である。劇場の空白期間を置かないように、小林は積極的に活用し、大正十四年からは年に十二回の宝塚少女歌劇の公演を実施するにいたる。

大正十二年一月の火災により、宝塚新温泉の施設は、浴場を残してパラダイス劇場、公会堂の中劇場、それに食堂などの大半が焼失した。二か月後には中劇場の再建、八月十五日には第二期パラダイスと食堂、その翌年には四千人劇場と、新しい宝塚の復興が具体的に実現していく。パラダイスの一階は児童遊戯室、理髪館、各種売店、二階はカタログ等の図書閲覧室、三階に小劇場を設ける。三階は二百坪の大広間で、無料の「新輸入ドリームスコープ」を常設していたが、劇場や演奏会にも使用するなど、多様な用い方をする。このようにして、宝塚には大中小の劇場を持ち、三劇場のいずれかで、いつでも演劇が楽しめる環境に整備していく。これが後の、東京でのアミューズメントセンター構想の始まりでもあった。

三つの劇場を効率的に稼働させていくには、自前の宝塚少女歌劇団は三組にすぎないだけに、外部から劇団を招いて空隙を埋めなければならなく、運営は容易なことではなかった。これが思いがけない方向に転換したのが、大正十二年九月一日の関東大震災で、演劇界にも大きな衝撃を与える。新聞の報道によると、「松竹の緊縮方針」の見出しのもと、「劇界の覇《は》を握つてゐる松竹合名会社では、関東大震災から劇界に大移動を来たし、東京劇団の関西移動や観劇料金定価の大問題が続出する」（「大阪毎日新聞」大正十二年九月二十三日）と、大きな存在であった松竹は、それだけ苦境に陥ってしまう。東京の劇場は次々と壊滅し、松竹がかかえている多くの役者や社員たちの生活に深刻な影響が及んでくる。公演をするとなると関西が支えだが、松竹の役者は道頓堀の松竹系の劇場で受け入れられるにしても、それ以外の者には働く場所がない。関西への大移動による公演は、結果として料金の廉価を招き、百名余の人員整理が検討され、楳茂都陸平も松竹を辞任することになる。

宝塚少女歌劇が帝国劇場で公演した折も、いくらか安くしたとはいえ、劇場の方針によって特等四円、一等三円十銭といったありさまである。そのような劇場の入場料だけに、大きな打撃を受けたのは松竹で、収入の大半は東京だっただけに、不足分を大阪や京都で補わなければならない。松竹所属の役者だけではなく、社員もすっかり混乱してしまう。その点宝塚は、新温泉やパラダイスを再建しても、入浴料は二十銭に据え置かれ、余興として無料で宝塚少女歌劇の舞台を提供していただけに、損失よりも訪れる人が増えるほどであった。

宝塚少女歌劇団の文芸部に所属し、機関誌「歌劇」の編集長を勤めた丸尾長顕《まるおちょうけん》の『回想小林一三』（一九八一刊）によると、震災直後市村座の尾上菊五郎と、宝塚の劇場で公演する契約を交わした。市村座も焼失し、菊五郎は松竹系ではないため、関西で公演する舞台がなかったことによる。このようにして震災後初の菊五郎一座の歌舞伎が、大正十三年に花組の正月公演を終えた後の二月一日から二十八日まで、宝塚中劇場で演じられることになった。宝塚歌劇とは異なる分野の公演、複数の劇場を有効活用するためには大きな挑戦であった。宝塚での歌舞伎、しかも温泉客に無料で見せるわけにはいかず、安くしたとはいえ一等二円、二等一円、三等二階席無料という設定にする。この間小劇場では「宝塚音楽歌劇研究会」と銘打った、日曜祭日は一日二回の花組による公演、お伽歌劇「笛が鳴る」、喜歌劇「ジュリアの結婚」、そのほか独唱、合唱、管弦合奏、舞踊などが続く。

菊五郎一座が終わると、三月からは中劇場で月組の公演、小劇場では花組の音楽研究会、四月は再び尾上菊五郎一座と花組、五月は中劇場での花組、ただこの月は小劇場も用いたのか月組公演を日曜ごとに一日二回催す。大阪、神戸、京都などでも、招待されて一日か二日の公演があり、これに加えて一か月の宝塚で舞台を務めるとなると、月組と花組だけではとても対応しきれないため、新しい雪組の発足となる。六月は尾上菊五郎一座、七月は結成されて間もない雪組の初舞台となり、宝塚少女歌劇は三組体制となった。やがて四千人収容という大劇場が竣工し、七月十七日から月花組合同出演によって幕開けとなる。座席券は三十銭、「国民劇黎明の行進曲」のタイトルで、宝塚少女歌劇を通じての、国民劇創成へとさらに前進していく。

大劇場新築にともなっての月花組の舞台は、安さと広い劇場でのダイナミックな演技に一段と人気が出たのか、当初の一か月公演から「九月二日までの日延べ」という四十五日間のロングランとなり、その間中劇場では雪組の日曜祭日毎の公演、小劇場では「西洋音楽演奏会」を催すという多様な演芸の提供を模索する。息継ぐ間もなく、九月三日からは四千人劇場での菊五郎一座歌舞伎が始まるというあわただしさであった。

大劇場論

小林一三は、かつて費用をかけて改築した松竹の中座の豪華さを批判し、入場料を安くして家族そろって見ることのできる新しい国民劇にするには大劇場にすべきで、そのためには歌舞伎そのものも、過去の演技演出の踏襲であってはならないと提唱したことがある。マイク施設もない時代だけに、三味線音楽を廃して洋楽演奏の歌舞伎などありえないと、白井松次郎は反論する。旧来の国民劇である歌舞伎を、大劇場の舞台で演じると、後方席の客は演技も役者の表情も見えなく、内容も理解できなくなり、演劇そのものが成り立たなくなってしまう。中程度の劇場で、舞台と客席とが一体になってこそ、歌舞伎の醍醐味があるとする立場と、小林の考える演劇とは根本的な相違がある。白井の歌舞伎は、旧態依然とした芝居にすぎなく、それではこれまで通りの一部の数奇者《すきしゃ》が見るだけで、観劇の料金も高く、国民劇にはなり得ないと反論する。歌舞伎も大劇場の大観客の前で演じるとなると、演目から音楽、演出、所作も根本的に変えなければならなく、そうあってこそ国民劇の創成へと志向し、家族も楽しめる新しい演劇に再生できるというのである。

伝統を保持していく立場と、国民劇の歌舞伎を模しながら、西洋のオペラ化に向かった宝塚少女歌劇の出発とは、本質的に交わることがない。小林一三は演劇のありようを模索し、集団による大劇場での西洋音楽による舞台作りを求め続け、それが日本独自の歌劇として進化していくことになる。

歌舞伎は時代に応じて変化してきたとはいえ、小林の論理に従うと、役者のありようまで根本的な変革となり、松竹にしては承服できないことであった。中座は高額にせざるを得なかったのは確かで、大正九年九月の公演での観覧料は、お土産付きとはいえ特等六円、一等五円八十銭というのだから、庶民にはなかなか手の届かない金額である。宝塚少女歌劇は、新温泉の入浴料を支払えば無料で見ることができたし、座席指定料でも三十銭にすぎない。

劇場の焼失という不慮の事故があったとはいえ、小林はこれを契機に、かねて念願であった四千人収容という大劇場の建設にすぐさま着手する。劇場が大きくなると、宝塚少女歌劇もそれまでの方法では対応できなく、大舞台と四千人もの観客に向かって演じるには、どのような演目と振付にするのか、舞台装置から発声方法まで変えていかなければならない。大劇場の建設費を抑制し、低料金で提供するとともに、子供から大人まで楽しめる内容にする、それは絶えず小林に迫られた課題であり、少しずつ克服することによって国民劇のありようへと歩み続けなければならない。わずか一年半で大劇場が竣工したというのも、徹底した合理化をはかり、舞台演出にふさわしい劇場空間に仕立て、大衆を演劇の世界に引き込む装置の開発でもあった。

念願の宝塚大劇場ができあがったとはいえ、花月雪三組を交互に舞台に立てるとしても、新作の練習に一か月は要するだけに、とても宝塚少女歌劇だけで一年間の維持はできない。そのこともあり、当初から菊五郎一座の歌舞伎を、大劇場では四か月間埋めるという予定を立てる。いきなり大劇場で演じるとなれば、俳優たちは演出方法の違いや、市村座での劇場と環境も異なってくるだけにとまどいもあろう。しばらくは中劇場での公演によって場数を踏ませ、宝塚少女歌劇のメッカと思って宝塚を訪れる人々にも、歌舞伎公演の存在に慣れてもらう必要があった。

大阪での「歌舞伎は道頓堀」という概念を変えたのは、宝塚で催す歌舞伎公演で、宝塚少女歌劇の観客動員は年ごとに右肩上がりの実績があるため、自信が持てるにしても、他のジャンルになると未知数というほかはない。そのため宝塚新温泉のとった菊五郎一座への集客は、団体客に狙いをつけることであった。大正十三年二月に宝塚中劇場での初舞台、続いて四月一日から一か月、それなりに関心も持たれたようで、とりわけ四月は花見時でもあり、団体客が押し寄せ、入場を断るほどだった。ところが六月公演になると、梅雨という気候も心配になり、新聞に勧誘の広告文を出し、「わけても銀行、会社の御連中方は、事務が済んでから御出掛け下さいましても、充分御見物が出来ますから」と、「宝塚の革新興行を成功させる」ためにも、来場を願いたいとする。二十人以上の団体客になると、電車賃、温泉入場料も割引になると付記する。連日午後四時開演、夜九時の閉演、日曜日は午前十一時と午後五時の二回公演であった。

宝塚が温泉と少女歌劇だけではなく、新しい演劇の歌舞伎も公演する地だと、人々に強く印象づけなければならない。大劇場ができあがるまでに、ともかく客層の拡大が急務であり、その準備を着々と進めていた。「トテモ道頓堀では見られない気持ちのいゝ江戸の芸風」「民衆芸術としての芝居は国民の多くに安く見せなければ駄目である」「破天荒で御覧に入れる宝塚の革新興行を見逃してはイケません」と、刺激的なことばを連ねて宣伝する。

松竹は大正十一年十二月には千日前の楽天地千三百坪を傘下に収め、大正十二年四月には松竹少女歌劇部を発足し、五月には道頓堀に松竹座の竣工、松竹キネマと積極的な攻勢をかける。その後の関東大震災で松竹は甚大な損害を被ったとはいえ、すぐさま帝国劇場の再建に乗り出し、道頓堀の一帯は松竹の劇場による歌舞伎、映画、芝居の最盛期でもあった。圧倒的な勢力の松竹を前にして、宝塚少女歌劇だけではとても太刀打ちできないとの思いもあり、大劇場ができあがる前に、宝塚で歌舞伎の公演をすることによって、新しい客層を確保したいとの小林一三の危機感が背景にもあった。松竹とは縁のない菊五郎としても、負けられない気持ちもあったであろうし、道頓堀に対抗する拠点として宝塚の地を育てたいとの思いは、小林とともに持っていたのであろう。

菊五郎の四千人劇場初興行

宝塚での菊五郎歌舞伎の宣伝は、六月の公演中にも新聞にしばしば掲載され、人々を勧誘することばで綴られる。従来の「秋色美しきみのお公園」「住宅改造博覧会」「宝塚少女歌劇秋季公演」等と、注目すべき項目を列挙して公演時間を示していた形式から、大劇場での初公演、続いての菊五郎歌舞伎以下は舞台内容を説明し、人々の心に訴え、主催側の心情までも表現する質的な変化を示すようになる。この方法は以後も踏襲され、さらに広告枠を拡大して舞台写真も掲載するなど、松竹を強く意識するとともに、広告媒体の有効な活用に意力を注いで魅力を語るなど、後の東宝の演劇映画でも生かされていく。

「六月に見のがしてならぬものは、天下一品、菊五郎の踊」「素敵に面白い江戸気分」「他では見られない国民的の技量」などと、宝塚での歌舞伎をさまざまなことばを用いて顕揚する。菊五郎としても、松竹系列の劇場には出演できないだけに、東京の市村座の再建までは、宝塚で頑張って地歩を確かにするしかない。市村座は震災後仮小屋として再建され、宝塚少女歌劇は大正十四年五月から公演舞台として使用する。大正十三年の一年間は、宝塚少女歌劇の東京での公演はなされなかった。もっとも帝国劇場は十月に改築オープンしたとはいえ、宝塚少女歌劇とのかかわりを持たなくなってしまう。帝国劇場が空白になる月末の四、五日を提供するだけの扱いに、宝塚少女歌劇団としては待遇への不満があったのかもしれない。逆に市村座では大正十四年五月には二十余日もの連続、六月、十月、十一月にも上京して公演するありさまで、東京での根強い人気のほどが知られる。

宝塚での菊五郎に話を戻すと、中劇場で二月、四月、五月、六月と公演を重ねた実績は、宝塚での歌舞伎公演が大成功だった証しといえるが、次はいよいよ竣工した大劇場での舞台となる。柿落《こけらおと》しは月組花組合同の公演、終演後の九月三日から二十八日までが菊五郎一座の歌舞伎である。菊五郎としても、小林一三の唱える、演劇改革をめざした国民劇創出は知っていたはずで、大劇場で歌舞伎を演じることの意義も聞かされていたであろう。かといって、歌舞伎を西洋音楽に乗せて演じるとか、歌って踊るなどといった変革などとてもできない。せいぜい大舞台にふさわしい演出と装置に工夫を凝らした程度ではなかったかと思う。小林一三はとくに言及していないのは、すでに宝塚少女歌劇で具体的に実践して成功しているだけに、今さら歌舞伎のありようを求め、自分の理想を強いることはなかったのであろう。

なお大劇場での宝塚少女歌劇の初披露は、二組合同によって七月十九日からオープンする。それまでは一か月公演が通常なのだが、大舞台にふさわしい二百人の少女による豪華な夏期公演と事前公表をするだけで、千秋楽の日は決まっていなかった。観客の動向によってどこまで維持できるのか、試みる思いもあったのであろう。平行して中劇場では雪組の初公演、小劇場では音楽演奏会、さらに動物園、植物園、子供遊園地などのレジャーランドの宝塚ルナパークを開園するなど、この年は積極的に攻め立てるような営業をしていく。さまざまな施設の相乗効果もあったのか、大劇場における宝塚少女歌劇の人気は上々で、「九月二日まで日延べ」と、四十五日のロングランとなった。劇場は休みもなく、翌三日からすぐさま「菊五郎一座大歌舞伎」が始まった。菊五郎には、いつでも出演できる態勢をとっておくようにとの、かなり酷な公演をさせたことになる。

菊五郎一座は、大阪では宝塚が頼みの劇場であり、東京へ帰ることもできないだけに、覚悟して新しい舞台への出番に臨むしかなかった。「宝塚四千人劇場初興行に就て　尾上菊五郎」とする、自らの決意表明を、新聞に掲載した一文がある。

私共一座は、此度新築になりました東洋第一の宝塚の四千人劇場に於て興行する事になりました。日本に初ての此の大劇場は、実に模範的に、成功した建築で、三階の一番奥の座席に在つて、舞台の対話が手に取るやうに聞える、此の新舞台に於て、かねて私の理想として居る、大規模な新作舞踊を御覧に入れる計画でありましたが、まに合はないので、あれや是れやと、大劇場向きの演じ物を考へました結果、山本有三先生の傑作『坂崎出羽守《さかざきでわのかみ》』と『土蜘蛛《つちぐも》』を選みました。

菊五郎はかねて歌舞伎の革新を志向し、小林一三の思いとも重なり、震災後は勧められるまま、伝統ある道頓堀の劇場街ではない、未知の宝塚公演に踏み切る。小林が熱っぽく説く、国民劇の創成と、大劇場での舞台に魅せられたこともあったのであろう。大劇場ができあがり、先行する宝塚少女歌劇の舞台を見ながら、菊五郎は広い舞台で新作の舞踊をしようとイメージを描いたものの、思うようにはいかず、結果としては大正十年九月に市村座で自ら演出した『坂崎出羽守』と、黙阿弥《もくあみ》の『土蜘蛛』を再演することにした。ただ旧来のまま演じるわけにはいかないため、斬新な演出と舞台装置によって大劇場にふさわしい内容にしたと、菊五郎は追記する。

菊五郎の宝塚大舞台での公演も楽日近くになり、新聞の広告には、

連日人気沸騰して、好劇家の讃嘆置く能《あた》はぬ菊五郎一座の大歌舞伎も、愈々《いよいよ》アト二日となりました。菊五郎は来年三月でなければ見られません。

と、次の公演予定も公開するほどの好評ぶりだった。四千人劇場での歌舞伎、松竹にとっては信じられない公演なのだろうが、ともかく宝塚の地に歌舞伎市場を開拓したことは疑いようのない事実である。名優菊五郎の歌舞伎が、一等でも二円、二等は一円で観劇できるというのだから、従来の東京や道頓堀では考えられない安さであった。これによって、宝塚少女歌劇だけではない、新しい分野の演劇を家族で楽しむ人口が増えたことは間違いない。

宝塚を多様な劇場街へ

芝居を見るとなると、大人の社会においては〈晴れ〉の異空間だけに、ことさら身構え、一日を費やして酒食をともなうという旧弊が長く続いた。小林一三は国民劇によって家族で楽しめる演劇を創出し、日常生活の中に取り込もうと、新温泉とともに宝塚に大劇場を建設し、ルナパークには子供の楽しめる施設を設けるという、新しい集客の仕掛けを次々と続けていく。演劇だけではなく、秋の箕面の紅葉、六甲山のハイキングなどと行楽を薦め、宝塚野球場での野球大会、宝塚ホテルの設立、さらには始発の梅田の阪急ビルに、白木屋に経営させていたマーケットの契約切れにともない、阪急自らが百貨店事業に乗り出す。大正十四年六月に、二階と三階をマーケット、四階と五階は食堂にするという、日本初のターミナルデパートの誕生であった。

日本のこれまでの百貨店の大半は呉服屋から出発し、町中に位置していたが、阪急電鉄としては日常的に電車を利用する中所得者層の獲得を取り込もうとする。昭和四年四月十五日に地下二階地上八階の本格的な阪急百貨店のビルを建設し、開業にあたっての各紙には「どこよりもよい品物を、どこよりも安く売りたい」というキャッチフレーズで宣伝する。この発想は、宝塚大劇場での演劇方法に通底する。七階と八階は四方が展望できる食堂で、しかも看板メニューになったのが、二十五銭のコーヒー付きライスカレーであった。テーブルにはウスターソースが置かれていたのだが、折しも昭和恐慌の時期でもあっただけに、客の中にはライスだけを注文し、ソースをかけて食べる者もいた。小林一三は福神漬を自ら配ってまわり、いずれ余裕ができれば家族で訪れてくれることだろうと、そのような客も嫌がらずに歓迎し、「そーライス」ということばまで生まれたという、伝説的な話も残される。客を施設にどのようにして呼び込むか、劇場でもデパートでも基本姿勢は同じである。

小林一三は裕福な家庭に生まれたとはいえ、生まれて七か月で母は亡くなり、養子だった父は実家に帰され、実の祖父の弟夫婦に育てられるという環境だったこともあり、家庭にあこがれの意識が強くあった。幼くして醸成された思いが、何かと事業をする上において〈家族愛〉が根底に存在し続けたのであろう。子供と団欒《だんらん》で楽しめる場所、そのためには廉価で、気軽に訪れることのできる空間というのが、劇場でもデパートでも小林の終生のテーマであった。

大劇場が竣工し、最初の月・花組の合同公演、それに続く初のチャレンジであった菊五郎歌舞伎も好評のうちに終演した。しかし、現実には宝塚に生まれた大中小の劇場を効率よく回転させ、東京へ出張しての公演も継続するには、歌劇と歌舞伎だけに頼るわけにはいかない。多様な演劇広場として、多くの人を宝塚に招く必要がある。このようにして、さまざまな公演を企画し、宝塚少女歌劇とは異なる「宝塚劇団」という新組織作りにも取り組む。

菊五郎歌舞伎が成功すると、十月からは大劇場の宝塚少女歌劇とは別に、中劇場では芸術協会による舞踊劇「却火」、シェイクスピア「ヴェニスの商人」の公演、この宣伝には「坪内士行、坪内操主演」とし、座席券は五十銭と一円とする。操は雲居浪子、芸術協会と坪内士行との関係はすでに触れたところで、この二人はコンビとなって宝塚中劇場での新舞踊の公演もしていたと知られる。劇場の稼働率を高めるためには、ゆかりのある人々を招く必要もあった。翌年の一月などは、大劇場では月組、中劇場の昼は花組、夜は新民衆劇団、小劇場では雪組公演と、三組とも総出演というありさまで、専科や星組が誕生するのは昭和八年なので、出演の編成にはしばらく苦労がともなう。

小林一三は演劇情報にも怠りなく、関東大震災のチャリティーとして再来日し、復興した帝国劇場に出演した世界的名優とされる梅蘭芳（メイ・ランファン）を、すぐさま宝塚にも招く交渉をする。北京京劇の女形で、すぐれた歌唱力と演技の持ち主と知られ、日本には三度、アメリカ、ソビエトなどでも公演を重ねる。大倉喜八郎の尽力による帝劇公演は、大正十三年十月二十日から十一月四日まで、尾上梅幸、松本幸四郎などとの共演である。宝塚大劇場では十一月七日から十一日まで、「梅蘭芳一座宝塚公演」「戯目は毎日変へて御覧に入れます」「毎夕午後六時より九時半まで」とし、座席券は一円、二円、三円だった。道頓堀であれば、このような料金ではとても公演できなかったであろう。広告文には、関西では宝塚以外に出演しません。この公演を経た後は直ちに帰国致します。どうぞ御覧見落しのない様、お繰合せ御覧下さい。

と、関西での公演は宝塚だけで、その後は帰国すると強調する。公演にあわせ、大正十三年十一月七日発行の「宝塚グラフ」第五号は、「梅蘭芳一行支那劇解説及筋書」とする特集号を組む。新聞の広告にも示された七日以降の演目と出演者が日を追って記され、舞台写真とともに作品ごとの解説がなされる。もっとも帝国劇場でも同じ「解説及び筋書」が出版されているため、日程と作品以外は転載したのであろう。さらに会場では、梅蘭芳の絵はがき五枚セットを売り出すなど、世界の名優ともされるだけに、宝塚の威信にかけて傾注する。宝塚大劇場では少女歌劇だけではなく、歌舞伎も梅蘭芳も舞台に立つという、これまでにはない演劇空間の場を広げていく。

松竹としては、梅蘭芳の公演を道頓堀の劇場でと企画していたはずで、結果として交渉の力は宝塚の方が上まわっていた。宝塚と競合するように、松竹座、朝日座などでは十一月十三日から「中華明国第一の名優」として、京劇を映像化した「梅蘭芳主演映画」の上映となる。同時期には「梅蘭芳のレコード」（ワシ印レコード）も売り出されるなど、当時の日本では梅蘭芳のブームが訪れていた。

大阪の中心に位置する道頓堀からすれば、宝塚は伝統においても人の流れもはるかに劣るとはいえ、大中小の劇場を用いて、宝塚少女歌劇以外の演劇も次々と企画し、新しい劇場街の創出をめざす。大正十三年十一月に、小劇場では「座席券タッタ三十銭」とする、倉橋仙太郎舞台指揮の新民衆劇による「晩鐘」「月光の下に」などの公演がなされる。倉橋は新国劇を経て新民衆劇学校を組織した俳優、演出家である。そのような小規模劇団の催しの一方で、中劇場では宝塚少女歌劇、十二月一日から十四日までの大劇場は「新国劇沢田とその一党」とする、当時人気の沢田正二郎一座を招くなど、名のある人々が公演に訪れる。評判の高い劇団であっても、座席券は一円均一、新聞広告には、

　大劇場に於ける、御馴染みの沢正一座の大勢力は「月形半平太」「恋愛病患者」に、その特色を遺憾なくあらはし、非常なる好評を拍《（ママ）》して居りますから、是非御見物の程を願ひます。

といった一文を掲載する。沢田一座は、それまでも日比谷公園の野外音楽堂や両国国技館で演じているだけに、大劇場での公演は手慣れていた。評判もよかったようで、休む間もなく十五日から二十五日まで続演となり、演目は十二月の後半だけに「仮名手本忠臣蔵」の舞台となる。「御家族一同の行楽にも、忘年会にも是非宝塚を御利用下さい」と、団体客や家族に誘いかける。

宝塚大劇場での海外劇団公演

大劇場では日本の演劇だけではなく、大正十四年三月二十日から二十九日までは、「伊太利グランドオペラ」の公演、「カルメン」「ファウスト」「アイーダ」等と日々演目を異にする。海外の劇団であっても、座席券は一円、二円、三円という廉価のままであった。帝国劇場から引き続きで、直前の三月一日から十九日まで公演をしていた。東京で終演した翌日には宝塚の舞台に立つという、移動時間も考えると、信じられないハードなスケジュールである。この事情については、

東京帝劇では観覧料八円、六円、四円で在《あつ》たが、夫でも大入満員の為に三日間日延興行《ひのべこうぎょう》をした大好評の当歌劇団は、愈《いよいよ》廿日より宝塚へ参ります。

と、本来は移動と休養の三日間の猶予を設けていた。ところがあまりの人気ぶりに帝劇ではぎりぎりまでの日延べをしたため、オペラの一座は宝塚と開始日の契約もしているだけに、強行軍で通したという次第のようだ。

宝塚大劇場でのイタリアオペラは、小林一三の好みそうな企画ながら、関西では愛好者が少ないと思ったのか、観覧料は比較にならないほど安く設定して観客増を考えた。それでも公演前日までの申し込み者は、「ヤット四千枚しかない。どうか見落し無《なき》やうに御誘ひ合《あわせ》て御出掛け下さい」と、新聞に実情をあからさまに吐露する。「破格の大勉強」の料金にもかかわらず、収容人数四千人劇場からすれば一日分にしかならない。十日間の継続だけに、これでは大変な赤字になるだけに必死である。阪神地方では、宝塚以外での公演はないと強調して宣伝に努める。大正九年に神戸線が開通した時、小林一三は「綺麗で早うて、ガラアキで眺めのよい涼しい電車」と自虐をまじえたユーモアのある広告をするが、ここでも同じ発想なのであろう。

新聞には連日の広告を打ち、公演日程も半ばになった三月二十四日には、「帝国劇場では高い料金ながら満席になった」とし、宝塚だけでの催しと強く訴え、「其れにも拘らず日々の入場数は半数にも足りません。此好機会にドシ〲御出で下さい」と、同情を引くように窮状を訴える。二十九日には「愈々本日限り、日延べなし」とするのは、あるいは好評であれば公演の延長も考えていたのだろ

デニショウン大舞踊（新聞広告）

うが、宝塚でのオペラは不調のままで終わってしまった。

大正十四年四月二日からは、大劇場で菊五郎一座の歌舞伎、宝塚ルナパークの映画劇場では「十戒」の上映、動物園は夜間開放などと、宝塚への集客の手を次々とうち出す。宝塚での歌舞伎は定着してきたのか、中劇場では五月二日から十五日まで「春秋座市川猿之助」の公演、座席券は五十銭、一円、二円という、道頓堀とは異なる破格の安さであった。二代目猿之助は演劇革新を求めて春秋座の結成をし、松竹からは離れていた時期であった。十五日で終演となったが、市川猿之助一座は好評だったのか、十六日から二十九日まで続演となり、八月にも中劇場を訪れ、続いては築地小劇場の宝塚初公演などと、話題にはこと欠かない企画が並ぶ。

帝国劇場で出演した後は関西に移動し、宝塚で公演するというシステムが整ってきた。大正十四年十月二日からは「近代舞踊の第一人者」としてのデニショウン大舞踊、新聞の一面を用いる鳴り物入りで、しかも料金は一円から三円までという低額にする。帝国劇場では九月一日から二十五日まで、第一部の女優劇、第二部として「デニショウン一座西洋舞踊」の舞台である。ルース・セント・デニスとテッド・ショーンの夫婦による現代舞踊劇団で、結婚後二人の名から「デニショウン」の名で全米を公演し、モダン・ダンスの先駆者として世界にその名が知られるようになったという。宝塚少女歌劇の源泉は歌舞伎、西洋舞踊、オペラにあるだけに、生徒たちに本場の演技を見せて訓練を奨励する意図もあったのだろう。それ以上に、しばらくは大劇場を健全に運営するためにも、広く知られた劇団を招き、宝塚大劇場への入館者を定着させることが緊要であった。宝塚少女歌劇によって大劇場を一年間まかせるには、まだ時間が必要である。

小林一三としては単独で海外の劇団を招くのは無理なだけに、帝劇に引き続き関西での公演によって、劇団側としても収入増のメリットがあると説いたのであろう。日本では帝劇と宝塚大劇場だけの公演と宣伝することによって、評判を高める必要があった。

世界一流の舞踊団が関西を訪れるというので、大きな写真入りの新聞記事としても掲載され、日本びいきだとし、歌麿の描いた遊女の姿をヒントにした「おいらん踊り」は近代舞踊会に一大センセーショナルを起こしたとも報じる。デニス夫人はインド舞踊も中国の踊りもすると、関心も高かった。

宝塚大劇場の公演は評判にもなったのか、連日の広告、上演曲目の内容まで一つ一つ紹介し、「お帰りには混雑のないやう連結電車を増発」するという。

公演中も新聞は二度も好意的な記事にし、日本にいる間はむさぼるように日本舞踊を研究してその精神を知り、東京では松本幸四郎に教えを乞い、宝塚では少女歌劇の公演を熱心に観劇し、宝塚音楽学校を訪れて少女たちから踊りを学ぶ。このような報道がなされると、人々の関心はレベルの高いとする宝塚に向き、新聞の広告ではしばしば舞台写真と毎日変わる曲目も紹介して興味を引く。「秋深く！　花乱れ咲く　宝塚のデニショウン大舞踊、曲線美の法悦的満足と美しい肉と力の崇高なる表現」「麗しい現代芸術の精粋で、古今独歩の壇場であります」「華やかに踊りおさめる日が来ました」「さらばファンよ、宝塚にさらば」と、惜しみ惜しまれながらのフィナーレとなる。煽情的なことばで、人の心に訴えるような広告文は、宝塚にとっては得意な方法である。

昭和元年四月一日から十日までは、帝国劇場から引き続いてのイタリアオペラ公演、一円二円三円の座席券、十日間の一等通用券は十五円として発売する。前回の不人気に懲りたのか、できるだけ早めに座席の確保を狙い、日本人の好みそうな、毎日異なった演目をする。とりわけ今回は、人気のあった曲目から選び、十日のうち三回は「カルメン」を演じる。努力を尽くしながらも、前回と同じく客の入りは悪く、「非常に面白いけれども、観客は又非常に少ない、困ったことである」として、五日目までの観客数の動向を表にする。一日目は一等三四〇人、二等二四九人、三等三四六人、合計九三五人、二日目は一〇八三人、三日目は一六八四人、四日目は一六九九人、五日目は九三八人という実態で、広い会場は空席が目立ったことであろう。

この数値を公表し、

こういふ有様では、又来年を予約することが出来ないと、お互に心寂しいと思ふ。どうしても毎日平均二千人は来て頂かなければ、やりきれないのである。

と、世の中に直接訴えかけて窮状をさらけ出すのは、真率な態度ながら異様でもある。デニショウン舞踊は前評判も高く、宣伝にも力を入れてきたが、イタリアオペラは広告費もあまりかけることができず、客の入りも悪いままで終演する。小林一三があえて不人気なオペラに挑戦するのは、新しい演劇の理解を深めてほしく、それは宝塚少女歌劇の発展と、国民劇の土壌作りにしたいとの思いにもよるのであろう。

昭和二年三月十日から二十九日まで、帝国劇場では「カービ伊太利大歌劇」が訪れるが、宝塚大劇場での公演はなかった。四月の宝塚大劇場は、例年オペラの公演で飾っていた。さすがに二度の不振に懲りたのか、宝塚少女歌劇の雪月花三組による「宝塚の春のおどり」が舞台を務める。

このほかにも、昭和元年十月二日から十日間の帝劇に続いてのロシア歌劇団の公演、レニングラードとモスクワから選抜した八十五名からなり、「今まで来演した歌劇団の中でも最も優秀なるもの」だと述べ、宝塚の後はすぐさま帰国するので「此の機会に是非御見逃しない様に御覧下さい」とする。このように記すことによって、宝塚大劇場は帝劇と双璧の存在だと自負する思いもあり、松竹との対抗意識もあった。ロシア歌劇団の終演近くに、「好評ニ付日延《ひのべ》十三日迄」と二日間の延期をするのは、イタリアオペラとは異なり、かなり客足も伸び、好評だったのであろう。

翌年の昭和二年四月にもロシア歌劇団が再度帝劇で公演し、その後を受けて宝塚大劇場では五月八日から十日間の舞台となり、前回も人気だった「ホフマン物語」は初日と楽日に上演し、無事に終演となる。昭和四年三月にも宝塚での公演が決まり、日程と演目まで広告していたものの、いきなり「ロシヤ大歌劇は突然来朝不能の為、公演中止のやむなきに至り」と、来日が不可能になったとし、それに先立って予定していた帝国劇場でも中止となる。ロシアではレーニンの没後スターリンが政権を掌握し、社会主義政策を強硬に断行し始めたことと関連するのかどうか、このあたりの詳細はわからない。

イタリアオペラはその後も日本を訪れはするが、昭和二年十二月から帝国劇場は松竹の経営となったのと関係するのか、従来続けてきたルートは途切れ、海外劇団の宝塚での公演がまったくなされなくなる。外部の劇団を頼れなくなったことが発奮する結果になったのか、昭和三年以降の宝塚大劇場では、宝塚少女歌劇団が一年十二回の舞台を破綻なく勤めていく。宝塚少女歌劇は強いファン層によって守られ、公演の維持ができるようになっただけに、高額の費用を出してまで、海外の劇団を呼ぶ必然性も失せてしまった。

このほかの大きな要因として、昭和二年九月と十月の岸田辰彌によるレビュー「モン・パリ」が成功し、翌年六月にも上演するという、従来とは異なる宝塚少女歌劇の質的変化にあった。幕なしの十五場、登場延べ人数三百人による二時間の舞台、大劇場にふさわしい圧倒する演出に、新しい観客の動員となってくる。昭和五年八月の、パリに留学していた白井鐵造の帰朝第一回作品「パリゼット」は、ダンスから化粧の方法も変わってくるなど、新しい宝塚少女歌劇の誕生となり、ますますファンを魅了していく。この劇中歌で歌われたのが「すみれの花咲く頃」で、今では宝塚歌劇の代名詞として用いられるほどに定着する。

八　新しい演劇への挑戦

宝塚国民座の結成

四千人収容という宝塚大劇場が竣工したのは大正十三年七月、それ以前にできあがっていた中劇場と小劇場との三劇場を用い、宝塚少女歌劇団三組を中心に、海外からの劇団も含め、空隙の生じないように効率的な運営をしていく。それだけでも、客を満足させる舞台作りはかなり苦労し、これに加えて東京公演もある。少女歌劇団三組だけでは編成に窮屈な思いを小林一三は持ったはずで、もう一組増やすか、まったく異なる劇団を創設するかを考え、その結論がかねて持論とする国民劇の創設を実施することであった。四か月前から準備が進められ、正式に宝塚国民座として発足したのは大正十五年（昭和元）四月二十日、宝塚少女歌劇団から演出部長としての坪内士行、それに堀正旗、同志座を立ち上げた一人の森英治郎、東亜キネマ映画にも出演した出雲美樹子等を糾合して結成される。

小林一三としては、宝塚国民座に新しい演劇の改革の夢を託し、一座が自立すれば、千五百人の座席を持つ中劇場の中核になると期待していた。少女のように素人から演劇人として育てるわけではなく、演出も音楽も俳優たちも実績を持つ集団だけに、後は演目と舞台作りによって演劇を実践するだけである。

第一回は発足した翌月の五月八日から二十三日まで、古代エジプトを舞台にした川口尚輝演出の「女王の敵」一幕、堀正旗演出の「故郷」三幕五場、坪内逍遥作、坪内士行演出の「大いに笑ふ淀君」一幕三場の三本で、座席券は五十銭と一円であった。「宝塚国民座初公演」として連日宣伝はするものの、客足はなかなか伸びない。第二回は七月十日から二十五日、第三回は八月一日から二十五日まで、いずれも中劇場を用いての公演で、これにあわせて売店で販売したのか、プログラムも兼ねた脚本解説の「宝塚国民座」であった。宝塚少女歌劇の公演を毎月新しい演目で舞台に上げ、雑誌「歌劇」が売れている実績があるだけに、宝塚国民座にも同じ思いを寄せて創刊した。大劇場の利用は、昼間は宝塚少女歌劇、夕方からは海外の歌劇団の使用と、時間をずらしての公演となり、中劇場はもっぱら宝塚国民座が責めを負う。

演劇は、いかにすぐれた演出や内容であっても、営業からすると、結果は観客の動員数の多寡による。宝塚国民座に期待する人々も多かったはずだが、「国民座の初公演の出し物として決して妥当でなかった」「幕切れが演出困難な脚本」(豊岡佐一郎)、「宝塚国民座が現代の観衆に最も適合した、新日本劇の創出と云つたやうな事を目的として、その産声を挙げました。小林一三氏の平素の主張通り、俳優の待遇法にも興行法にも、既成劇団のどれとも全く離れた新らしい方策も執られたさうです」(関西日報)、「私は此の舞台を見てどうも、古臭い新派ものを見てゐる様な気がして成らなかつたんです」（三成健而）、「少女歌劇出身の腰元が大ぜい出るが、此の人達の科白《せりふ》が些《いささ》か少女歌劇式でしつくりせず」（西口紫溟《しめい》）、「幸ひ坪内先生も居られることで、折角俳優諸君の御勉強を祈る」（山田松太郎）などと、大半は期待を込めた感想ながら、失敗だったとの批判の声も出てくる。小林一三自身も、すぐさま「歌劇」誌上で「宝塚国民座独白」（四月）「宝塚国民座の進むべき道」（五月）と書き、第一回の公演を批判的な取り上げながら、擁護の姿勢も示し、これからの国民座のあるべき姿を語る。

このように第一回公演への多くの不評の声に、坪内士行演出部長としては、すべて自分の責任であるとはいえ、立場を明らかにしておく必要があった。第三回の公演時に作成された「宝塚国民座」（脚本解説第三号、八月刊）に「真の批評家」とする一文を書き、「吾が宝塚国民座には内外ともにあまり批評家が多過ぎる」と苦言を呈し、一年先までの計画を立てていたことを明らかにする。第一回はすべて新作、第二回は新作と旧作、第三回の夏は通俗的な内容、四回目から小林一三会長の提唱する新日本劇風、音楽舞踊入り劇を続け、来年正月から国民座付《ざつき》作者がそろってくれば、その陣容で進める腹案だった。ところが初回から自分のプランは無視され、残ったのは「大いに笑ふ淀君」だけだった。

坪内士行は大阪に居を移してすでに七、八年、宝塚少女歌劇の作者として、また振付師として勤め、卑屈なまでに権威者との衝突を避け、劇団内部にも容喙《ようかい》しないようにし、劇団の立ち上げにあたっては新日本劇創成の思いで苦心してきたはずながら、蓋を開けると、最初の公演ですでに「四面楚歌」の批判に曝されるありさまである。

誰でも来い、論ぜよ、戦はう。たゞ宣伝不足のためか、批判者多過ぎるためか、アセリ過ぎるためか、今や宝塚国民座の俳優は朝令暮改の不安を重ねつゝある。真に同情すべきではあるまいか。

坪内は浴びせられる周囲の雑音に、自棄的なことばを発しながら、今の状況に奮い立つように向かっていく決意を宣告する。

坪内としては、一度の公演でかまびすしいまでの月旦《げつたん》をしないで、もっと長い目で見てほしいという思いだったのであろう。宝塚少女歌劇も巷間《こうかん》の伝えるところによると、当初は入りが悪く、重役の間では廃止の議案も提起されたが、音楽家として招かれた安藤弘、宝塚唱歌隊結成に奔走した藤本一二、安威勝也（宝塚新温泉主任）など、必死の思いで阻止に走った。とりわけ安威氏などは、自らの金銭を投じて宝塚町民に観劇を薦め、大阪出張の際には人力車に旗を立てて宣伝にも努めたという。それにもかかわらず、宝塚国民座は第一回の公演の途中でありながら、会計課長が「国民座なんかやめてしまへ」と叫ぶありさまで、これでは悲嘆するほかないと、坪内はやるせない思いだった。しかし課せられた任務を遂行すべく、坪内は敢然と我が身を鼓舞し、国民劇は民衆のためと訴え、小林一三会長の才智に期し、これで失敗すればいつでも退散すると宣言する。

小林一三は、坪内士行の書いた原稿を見て、すぐさま「本文のあとへ」と第三号が発刊される直前に一文を挿入する。坪内が書いた、宝塚少女歌劇も出発当初は不振で、重役間で廃止論が出ていたというのは、まったく存在しないと小林は全面的に否定する。ただこのような噂はよく聞く話で、宣伝のために流した情報ではなかいとも付け加える。真偽のほどは不明ながら、宝塚少女歌劇の人気が高まってくると、出発時は惨澹たる存在だったとする、いわば成功物語として人の口の端にのぼせられていたのかもしれない。

もう一点の第一回作品の坪内案を退けたのは「私の責任である」と、小林一三が直接演目の変更を指示したことを明らかにする。初公演で坪内士行と堀正旗の出し物があるのを知り、内輪の者の作品を第一回目で上演し、うまくゆけばよいが、失敗すれば国民座の責任そのものが問われかねなく、運営も困難になるだけに、むしろ温情の配慮からだったとする。それと、坪内が周囲から批判され「四面楚歌」の状態というのは当らなく、小林がすぐさま劇評を書いたのは、芝居のありようを書いて国民劇を創出したい思いからで、主張するところは一致していると述べる。

国民座結成前に、俳優たちを前にして、きっとはじめは不入りで客足も少ないであろうが、悲観すべきではなく、徐々に増えていくはずで、そうなると大劇場で昼は宝塚少女歌劇、夜は国民座の公演という仕組みにしたいと小林一三は明言している。三か年計画を立てているので、皆にはその間辛抱するように求め、真意を理解してほしいと、小林は坪内に答えるように書き添える。

その後も国民座には世間の毀誉褒貶《きよほうへん》がありながら、坪内士行は趣向を凝らして営々と公演を維持していけたのは、小林一三会長の理解と新しい国民劇への情熱があったからにほかならない。ただそれでも、宝塚国民座は少女歌劇のような人気の沸騰にはいたらなく、大劇場での公演も実現することはなかった。パンフレットとしての「宝塚国民座」には、毎号巻末には新聞の劇評から評論家の感想を掲載する。評判はさまざまで、激励もあれば、作品だけではなく、俳優や演出のまずさの指摘もあるとはいえ、それらに過敏になり過ぎても舞台は萎縮してしまう。坪内士行もすべてに目を通し、「親切な忠告、評言は有難いものである。よしんばそれで見当外れであっても、真面目な評は嬉しいものである」（第四号）と、そこから新しい演劇の創出へと意欲的に模索を続ける。

小林一三も「宝塚国民座の不入は失敗にあらず」として、「三回開演した宝塚国民座の成績は明かに不入である、がそれは失敗であるかといふ問題になると、必ずしも簡単に然りとは言へない」とし、自らの論を展開する。具体的に開陳した数値によると、第一回は二十二日間公演で、一日平均一等一七二人、二等一四八人、合計三二〇人、第二回目は二十一日公演で入場者二五二人、第三回目は二十九日の公演で二八六人、観客数は三百人足らずというありさまである。千五百人の劇場に毎日三百人にも満たない観客となると、閑散としているだけに芝居気分が横溢とすることなく、俳優も意欲が削がれてしまう。小林は、これは失敗ではなく、国民劇創成の道程として正しく評価すべきだと主張する。

三百人を観察すると、上品な家族本位の人達、初めて芝居に親しむ会社員、いずれも道頓堀とは異なる客層で、花街の雰囲気もまったくなく、立派な観客層だけに、広告を見て集まってきたという現実は、失敗だったとはいえないと、小林は新しい演劇を擁護する。宝塚国民座を見なければならない因縁があるわけではなく、客引きも、動員作戦も、有名な俳優の出演も、定評ある劇団でもないにもかかわらず三百人が集まるというのは、むしろ奇跡的な成功ではないか。この新規に獲得した三百人が、面白いと思う芝居をすることによって、来年は四百人へと増加していけば、年来唱える多数の人が見る国民劇に成長し、舞踊を中心にした大劇場向きの芝居が出現してくるはずだという。

坪内士行としては張り合いのあることばだが、小林はむしろ鼓舞して努力させようとの意図による発言だったのであろう。小林は、宝塚国民座を通じて国民劇創出への試みにますます傾注することになる。理想とする国民劇は茫漠としており、家族が楽しめ、低料金で大劇場向きの舞踊と西洋音楽による演劇とは具体的にどのような存在なのか、宝塚少女歌劇が軌道に乗っているように、うまく実現することができるのか、その後東京宝塚でも東宝でも人々は、小林のことばに呪縛されるように追い求めていく。

小林一三の描く「宝塚国民座」

雑誌「宝塚国民座」の巻末に、「公演批評・その他」の欄を設け、毎回の宝塚国民座による公演の新聞評を初め、論者たちの見解を掲載する。そこには激励のことばがあるとはいえ、多くは不満を口にし、俳優の演じ方から脚本、メーキャップの悪さまで、さまざまな批判のことばが連ねられる。批評というのは、絶対的な賛美に終始するのではなく、何か欠点はないかと、当然ながらあら探しもするため、それらをすべて信じることもできないし、かといって不当と無視するわけにもいかない。小林一三があえてそのような見解も包摂したのは、国民劇のあるべき姿を求めたためで、坪内士行などの劇団員には発奮してほしいとの思いによるのだろう。

小林一三が宝塚国民座は失敗ではないとし、具体的に三回の公演の観客数も示した論の四か月前に、「奇跡的の劇団『宝塚国民座』口上」（「サンデー毎日」昭和元年五月）とする見解を発表している。「口上」とするように、初舞台でのあいさつのつもりなのだろうが、具体的には第一回公演の評判の悪さから、存在意義を説くためにも書くことにした。その後の小林一三が説く演劇のあり方を示す内容でもあるだけに、すこし詳細にたどっておくことにする。

宮内省の役人と話をしていて、芝居くらい現代離れしているものはないとの見解に、まったくそうだと同意し、「相変らず忠臣蔵や、勧進帳や助六や梅川忠兵衛のやうなものを繰返して、実際の生活とかけ離れ」ていると、返答するスタイルで述べていく。時代に対応して変革しようとしないと考える歌舞伎の存在が念頭にあり、それに対して国民の思想感情に即した芝居が宝塚国民座の旗上げだと論じる。宝塚少女歌劇が飽きられてきたため、新しい大衆の劇団創設ではないかと憶測する向きもあるが、それはまったく的を射た説ではなく、むしろ少女歌劇は年を追って人気は増してきている。宝塚国民座の維持は至難の業と覚悟しており、犠牲的な苦しみから新しい演劇が生まれるものだという。

宝塚少女歌劇は評判がよいとはいえ、構成するのはいずれも若い少女たちだけに、訓練を重ねて三、四年舞台に立ち、いよいよ芸術的にも練達すると思っていると、結婚して次々やめてしまうのが欠点といえる。新人を補充してもその繰り返しで、すぐれた俳優の存在しない「拙い新興芸術」劇団としか言いようがない。それが悪いわけではなく、宝塚少女歌劇は現状で繁盛しており、このままの姿で継続するのが至当である。

宝塚国民座は、道頓堀で公演したとしても、家族そろって楽しく見物できるような芝居にするのが目的である。今日の国民劇といえば歌舞伎になるが、それは国民の一部が見るだけで、興行主はその一部の人達に顔を向けて工夫を凝らすにすぎない。旧態依然とした既成の枠を超え、国民の多くが自由に楽しめる演劇を創出しようとしたのが宝塚国民座だけに、そもそも旧来の芝居とは発想をまったく異にする。

現状の芝居で満足している観客に、宝塚まで足を運んで宝塚国民座の公演を見てもらったにしても、道頓堀の芝居に負けるのは初めからわかっている。第一に宝塚は大阪市内から離れて地の利が悪く、芝居を味わう環境でもなく、雰囲気も及ばない。宝塚大劇場で菊五郎や猿之助を呼んで芝居をしてきたが、俳優や演劇内容に引かれたというのではなく、観劇料金が安いという理由で客が訪れたにすぎない。それでは大劇場で安い料金の演劇をすると人が大勢集まるかというとそうではなく、芝居を見る観客の層は限られている。菊五郎の芝居が一円だからといって、歌舞伎を知らない人までも次々と宝塚に押し寄せるわけでもなく、入場料が高くても安くても、客層の範囲はすでに決まっている。松竹が道頓堀で鴈治郎だとか梅幸、羽左衛門《うざえもん》などを呼び、場所が場所だけに料金が高くなり、三円とか五円を徴収したとしてもそれは仕方がない。道頓堀で低料金にすれば客が飛躍的に増えるかというと、観劇する人数は一向に変わりはしない。

芝居を愛好する人口は限られ、しかも特定の役者にファンが分散するため、一円だからといって宝塚での歌舞伎に足を運ぶのではなく、菊五郎が見たいという限られた人が訪れるにすぎない。鴈治郎が好きであれば、道頓堀という場所とはかかわりなく、五円であっても観劇に訪れる。芝居を見る客層というのは、国民の一部に限られており、その範囲の人々が、道頓堀に行くか、宝塚に行くかと移動するだけで、本質的には料金の問題ではない。小林一三は、試行錯誤しながらの行きついた一つの考えなのであろう、演劇のあり方について自ら問題を提起し、自らに言い聞かせるように理屈めいたことばを連ねていく。

宝塚国民座は、そのように限られた一部の客層を目当てに芝居をしたのでは、歌舞伎ならまだしも、宝塚という山間の僻地にまで足を運んで見たいと思う人はいない。演劇を好む新しい国民を開拓しなければならないが、急に増えるものでもないので、初めは三百人、五百人であっても仕方がない。面白い芝居を持続していけば、宝塚少女歌劇が西洋音楽を取り入れ、新興芸術として人々の興味をかきたてたように、宝塚国民座もいずれは全国に知られる存在になるはずである。

多くが面白いと思う芝居を追い求めていくと、結果として客に迎合し、どうしても低級、卑俗に流れてしまいかねない。何が面白い芝居なのか、単純に答えがでないだけに、当面はさまざま試みるしかない。歌舞伎からの趣向を取り込むとか、西洋物、舞踊、古来の長唄も使用することになるかもしれない。三味線ではなく西洋音楽にするなど、国民の思い描く演劇に寄り添っていくうちに、真の国民劇が派生してくるのではないか。一朝一夕に理想とする演劇はできるはずはなく、気長に進めていくしかない。

芝居をするには営業利益を求める必要があるが、現在はそこから離れ、辛抱強く新しい演劇という目標に向かって進むだけである。ただその先に出現する国民劇が、努力する価値のあるものでなければならないのは当然である。巨額の経費は覚悟しており、三年以上は赤字が続くのではないかとも推測する。そのような犠牲を払ってでも運営をしようと思うのは、ひとえに国民劇の創設を果たしたいためであり、宝塚の経営者以外の者にはとても真似のできないことであろう。電鉄事業という、今のところは安定した収入が見込めるため、その経営基盤のもとで、当面は損失続きであっても宝塚国民座を育てていきたい。小林は、電車の運賃収入による利益は国民劇の創成に投入し、多くの国民から支持されるようになれば、おのずから宝塚へ訪れる人も増大するという夢を描いていた。人気が定着してきた宝塚少女歌劇を軸に、大中小の劇場を用いてのアミューズメントセンターの実現へと、大きな野心を抱いての歩みであった。

小林一三にとって心配なのは、自分が思っているほど若い連中の真剣みの足りなさであった。演劇は総合芸術であり、事業五分芸術五分の仕事だと心得ておかなければ、俳優も演出家にも不満が生じてしまう。「事業の芸術化、芸術の事業化」が目指すところで、楽観はしていないものの、いずれ宝塚国民座が国民劇創設の端緒になるものと自負し、またそうなると信じてもいると、小林一三は新しい演劇のあり方に熱弁を奮《ふる》う。俳優や演出家は舞台がすべてと考え、経営者は利潤のない演劇は所詮無意味とみなしがちで、二つの絶え間ない責めのはざまに小林は苦慮する。

小林一三の理想とする考えが、そのまま宝塚における演劇担当者の方針と重なるわけでもないため、現場の舞台人は不平を口にし、坪内士行も世間の批判に苦しみはするが、「三年ばかりは赤字の覚悟」

とのことばに励まされことであろう。大劇場では宝塚少女歌劇、中劇場では宝塚国民座の公演というセットで歩み続ける。「面白い芝居宝塚国民座」と冠し、幾度も試行を繰り返しながら、現代劇・時代劇の喜劇、悲劇、歌舞伎等と上演していく。「レヴュー式の面白い芝居」の「豊太閤」、探偵劇の「アルセーヌルパン」、史劇と称する「山田長政」、水谷八重子一座との合同公演、帝劇女優村田嘉久子の出演、築地小劇場の賛助、シェイクスピアの「ハムレット」、まさに何でもありの舞台であった。同時期の大劇場におけるロングランとなった「パリゼット」とは比べようもない不振続き、ついに宝塚国民座は四年半の存在で、昭和五年十一月二十四日に解散となる。

九　日比谷アミューズメントセンターの構想

小林一三の東京電燈入り

世の中の景気は、外的内的な要因によって好不況の波が、波状的にどの国にでも押し寄せてくる。日本でも第一次世界大戦後の好景気から、大正九年（一九二〇）に経済は急速に悪化し、社会的な混乱に陥ってしまう。よく知られるように、海運業で成功した山本唯三郎《ただざぶろう》が、「佐竹本三十六歌仙《さたけぼんさんじゅうろくかせん》」絵巻二巻を所蔵するにいたったのは大正六年、三十五万三千円という信じられない破格の金額であった。その夢もつかの間、大正八年には手放さざるを得なくなり、一人で支えられる金額ではないため、その年の十二月には益田鈍翁《どんおう》のもとで切断され、経済界の人々が分割所蔵するにいたったのも、日本経済の変動の激しさが知られる象徴的なできごとであろう。現存する断簡は、いずれも重要文化財に指定される。

電気事業もその影響は避けられず、電気の供給力はありながら、それに見合う需要がなく、いずれの会社も余剰電力をかかえて困っていた。当時は東京電燈、東邦電力、大同電力等五大電力会社が存在し、余った電力の売り込みに、各社は市場を求めて激しく競い、安値競争にも走る。設備投資も進め、他の会社よりすこしでも優位に立とうとするが、むしろ経営は悪化してくる。戦時中の電力は国家によって一本化され、戦後に地域独占体制となったのは昭和二十六年以降のことであった。

東京電燈も例外ではなく、とりわけ外国債券が占める割合が高く、為替の変動にともない経営が左右されるという体質だけに、不況によってたちどころに危機に直面してしまう。会社の建て直しのため、昭和二年に財界の重鎮だった郷誠之助《ごうせいのすけ》が迎えられ、七月には小林一三が取締役に就任する。小林にとっては、経営者としての初の東京勤務であった。郷はかねて小林の経営手腕を知り、実質的に東京電燈の将来の救世主として付託していた。すぐさま経営の合理化を進め、昭和三年には余剰電力を有効に利用する昭和肥料（後の昭和電工）を創立するなど、再建に向けて歩を進めていく。その年に小林一三は副社長、昭和八年十一月に郷は社長を辞任し、後を託されることになる。

電力業界の回復は容易ではなく、昭和二年の昭和金融危機を乗り越えたかと思うと、アメリカの株大暴落の影響を受け、昭和五年から翌年にかけて昭和恐慌と呼ばれる、今日からすると戦前のもっとも深刻な経済危機が訪れる。緊縮財政、浜口雄幸《おさち》の東京駅での狙撃事件、関東軍による満州事変など、社会全般も不穏な状況が続く。東京電燈も、昭和二年下期に配当は八パーセントあったのが、年を追って減配となり、昭和八年になると無配となってしまう。

東京電燈としては会社の合理化をはかるため、人員の整理、所有物件処理などを進めていく。昭和恐慌のさなかであろうか、日比谷に所有する土地千五百坪を手放すことになった。一時は坪千百円で取り引きされた土地ながら、不況によって暴落してしまう。会社としては七百円に設定して売り出したところ、ある放送局が六百五十円ならば購入するという、東京電燈の足元を見透かした安値の攻勢を仕掛ける。予定していた資金調達ができないと、その後の経営にも大きな支障が生じてしまう。当時社長でもあった小林一三は、それでは自分が七百円で購入しようと決断するにいたった。

大正七年から上京するようになった宝塚少女歌劇団は、関東大震災直前まで毎年帝国劇場で五日間の公演、大正十三年は中止されたが、翌十四年からは菊五郎との関係もあり、市村座で年五回、翌年は邦楽座で二回と続けてきた。しかも一回の公演日数は、帝劇の五日間とは異なり、二十日余の連続、これを年に四、五回も催すとなると、かなりの滞在日数となる。それだけ宝塚少女歌劇のファン層が、東京でも拡大し続けていた。以下、年間の公演実績だけを示すと、邦楽座二回（昭和二年）、歌舞伎座二回（昭和三年、同五年）と三回（昭和四年）、新橋演舞場三回（昭和六年、同七年）といったところである。

帝国劇場では年に一度だけ、しかも特等四円、一等三円十銭等という五ランクの座席、宝塚では入浴料三十銭出せばよかったものを、東京では高額な入場料が必要となる。それでも毎年の公演は満席で、観客であふれたというのだから、その人気のほどが知られるであろう。帝劇の都合による日程と料金の設定だったが、市村座では、大正十四年の場合四月一日から二十二日、五月三日から二十四日、六月四日から二十五日と、長期の公演となり、料金は二円、一円五十銭、一円という低額での提供であった。

六月四日の「東京日日新聞」では「本日初日」とし、以下のような広告文を掲載する。

宝塚少女歌劇は、大阪名物として年中開演されて居りますから、曲目は何れも洗練されたものばかり、されば初日といっても平日と異《かは》りなく、御満足を以て御観劇《ごけんぶつ》に成《な》れます。それ故「宝塚歌劇に初日なし」とまで申されて居ります。尚今回は廿五日迄にて、当分上京致しませぬ。御見落しなきよう願ひます。

宝塚少女歌劇は「大阪名物」とし、いずれも初披露の曲目ではなく、宝塚では演技を重ねて洗練されているだけに、「宝塚歌劇に初日なし」との評判だとする。この年の市村座では三度目、当分の間上京の予定はないので、この機会に観劇してほしいと勧誘する。ただいずれの回も評判がよく、客足も好調だったのか、この年には十月にも、十一月にも二十日間の上京公演をする。

小林一三は毎回少女たちが大挙して上京し、宿泊する費用を考えると、むしろ東京に拠点劇場を持つ思いにいたったのは自然のなりゆきである。教師、事務職員、それに衣装から舞台装置の運送には膨大な経費が必要となる。すでに述べたように、昭和二年に東京電燈の取締役としてもっぱら東京に住むようになると、劇場の候補地探しとなり、有力な浅草を初め、各地を探索していたはずである。日本経済は不況の時代となり、東京電燈も経営危機に遭遇して日比谷の土地を手放すことになり、小林一三は劇場経営にはふさわしい環境と土地の広さと判断し、浅草ではなくこの地を劇場街に育てる夢を描く。

千五百坪の土地では広すぎるため、大阪出身の実業家で愛国生命社長、室町物産会長等多くの企業と関係する原邦造に三百坪を売却する。たまたま原が愛国生命の拡張を企てていたため、小林の提案をすぐさま受け入れてくれた。なお、北品川の原美術館は、原邦造の旧邸である。

東京電燈が本格的に経営再建に向かったのが昭和五年六月、すぐさま郷社長と副社長の小林一三は大幅な人員整理を断行し、日比谷の土地の売却先を求める。小林の肝いりで創立した宝塚国民座は、試行錯誤を繰り返しながら、思うような成果が得られず、十一月に解散となってしまう。東京電燈の経営改善のため手放す土地を、安値で買収しようとする放送局とのかけ引きもあり、交渉は停滞していたが、翌年に小林は会社の設定した販売価格のまま、自らが購入することを決断した。

昭和六年の小林は東京と大阪を往復し、多角的な事業の拡大に多忙をきわめた。二月には梅田阪急ビルの第二期工事着手、四月には東京電燈と東京発電（信越電力）の合併、固定資産の減価償却と続く。社内では綱紀粛正を進め、紙一枚ペン一本にいたるまでの節約を徹底し、サービスの充実にも努める。十二月には東京市内の営業所を中心に、電気知識の普及と電気製品の販売をするなど、電力の需要を掘り起こす展開をしていく。阪急電鉄では資本金の増資、宝塚では新温泉・動物園（ルナパーク）と植物園の連絡橋が完成し、広大な敷地に新しい遊園地を出現させ、阪急百貨店では売り場面積の拡張をするなど、成長も著しかった。そのような一連の活動の中で、小林一三は日比谷の土地を購入したのである。

東京宝塚劇場の地鎮祭

東京に土地を購入するといっても、安い買い物ではなく、しかも劇場の建設地となると、演劇興行にふさわしい場所かどうか、将来の展望から人の動きまで考慮しなければならない。小林一三の回想によると、「東京に私共の考へて居るやうな明るい、清い、美しい歓楽境がない事です。東京では大衆の集まる処は浅草よりない」とし、浅草は「語弊があるが少し低級過ぎ」と、健全な娯楽地としてはもの足りないとする。「東京に一つ、比較的高尚な娯楽地帯を作るといふことは、これからの世の中では必要な事業ではないだらうか。それならば何処《どこ》がよからうかといふ事を、多年考へてゐたのです」(「僕の画く大劇場論」)と、熟慮の末に日比谷が最適地となったと述べる。

浅草を含めて東京の各地を物色し、結果として日比谷を選択したというのではなく、勤めていた東京電燈の経営危機を乗り越えるため、やむを得ず土地を手放すにいたったという経緯は、すでに指摘したところである。宝塚少女歌劇の東京公演の評判の高さを思うにつけ、劇場主の都合によって上京するのではなく、むしろ自前の劇場で自由に公演したいとの思いを、小林はかねて持っていた。その実現に向け、東京に勤務するようになると早速土地の物色をしていく。ふさわしい場所を決めかねて時が過ぎたところで、社会的な経済の変動が訪れ、思いがけなくも東京電燈の敷地を入手することになり、しかも演劇場として発展する可能性が大きい環境と見きわめた次第である。

小林一三は日比谷の土地を取得すると、その一角だけではなく、有楽町を含め、街全体のあるべき見取り図を頭に描く。宝塚では大中小三つの劇場と子供の楽しめる植物園、動物園などを持つ遊園施設のルナパークへと展開した。日比谷一帯は浅草との差異化を図り、高尚な大人の社交場に育て、質の高い遊びを家族に提供するアミューズメントセンターにしようとの思いとなる。宝塚国民座は、積極的に国民演劇としての可能性にチャレンジしたが、結果的には解散という決断をせざるを得なかった。宝塚少女歌劇は、新しく生み出す東京の劇場で演じることで、さらなる国民劇の創成をはかろうと夢を描く。

日本の電力会社は、政府の要請もあって設備投資の資金を海外に求め、外債の占める割合が高く、とりわけ東京電燈は発行額のかなりの比率を占めていた。昭和六年十二月の金本位制度の廃止により、対米為替相場が下落し、大きな支払い損失額が生じてしまう。東邦電力の松永安左ヱ門《やすざもん》（耳庵《じあん》）や池田成彬《なりあきら》等の強い働きかけと、三井、三菱等金融機関の斡旋もあり、昭和七年四月には、競合し合う地域を制限して二重投資の防止に努めるなど、五大電力会社による統制連盟が生まれてくる。

東邦電力は九州、四国、中部に勢力を持ち、東京進出も狙って大正十四年には子会社の東京電力を設立し、東京電燈と覇権争いをしていた。とりわけ昭和二年一月からは、東京郊外の工業地域に電力供給を開始し、東京電燈と熾烈な競争となる。その年の七月に小林一三が東京電燈に招かれたのは、国内の経済不況とともに、会社経営の危機を乗り切る救済を求めたためであった。この後は小林一三の手腕にもよるのか、昭和三年四月に東京電燈は東京電力を吸収合併する。松永は東京電燈の取締役に就任し、以後小林との茶友として、また個人的な交流となるのも不思議な縁といえよう。小林は阪急電鉄と宝塚の運営を取り仕切りながら、東京では東京電燈の危機的な経営の安定化を図り、一方では新しい劇場造りに向かうなど多忙な日々を過ごしていた。

昭和七年八月十二日に経営陣が決まり、劇場の設計図もでき、念願だった株式会社東京宝塚劇場の創立となり、社長には小林一三が選出される。工事は秋から始まり、建設予算は二百五十万円の計上となった。十一月に小林は東京電燈の社長に就任し、電力の仕事も多忙をきわめる。十二月一日の午後一時半に東京宝塚劇場の地鎮祭が行われるため、是非とも参列をしてほしいとの案内を受ける。

この日は「大吉日」だけに地鎮祭には都合がよく、会社にとって小林一三の参列は当然のことであった。あわただしい日々を過ごす小林は、折悪しく正午から「外貨邦債問題」の電力同盟の委員会、二時からは東京電燈関連会社の会合と、とても身動きがとれなくなる。しかもこの数日は東京電燈の配当問題をかかえ、小林は憂鬱な日々を過ごしていた。一度は参列不可の返答をしたものの、小林を抜きにしての地鎮祭はあり得ないとの主催者の思いもあり、神主の都合もつき、改めて正午から三十分間だけという通知を受ける。小林の予定に合せての変更で、念願の劇場だけに喜びにあふれる思いだった。〈東京宝塚劇場〉、小林はこれからこの劇場は「東の宝」となるだけに、「東宝」と呼びたいという。だが東京の人々は、小林の思惑など知らないだけに、「宝塚」とか「宝劇」と称するのではないか、との思いもする。それだけに、宝塚少女歌劇の雑誌として季刊「歌劇」(大正七年八月創刊)を出したように、劇場のオープンにあわせ、同じく月刊誌「東宝」(昭和九年一月創刊)も発行をしていく。

千二百坪の敷地は、すでに全面一丈（三メートル）余り掘り下げられており、そこには北米産の長さ十五メートルばかりの松が、碁盤目のように地下深くに打ち込まれている。急斜面の仮設の階段を降り、三方は黒白の幕、中央には祭壇、参列者は紅白の幔幕で囲まれる。神主の祝詞の後、小林は鍬入れをしたのだろうが、「私の心臓は鼓動した、私のまぶたには制しきれぬ涙が浮かぶのである」（「東京宝塚劇場の地鎮祭に参列して」）と、感慨深い思いを吐露する。

小林にとって、東京宝塚劇場は「国民劇創成」のためであり、自分の全力を傾注する晩年の仕事だと力説する。東京第一の大劇場の出現によって、多年いだいてきた演劇の夢を、ここで開花させたいと、希望にあふれる思いであった。一方で七万人の株主を有する東京電燈はといえば、無配当という惨状だけに、現実と夢との落差に悩まざるを得ない。それでも十か月後の昭和八年十月一日には、劇場の開幕となるだけに、朝霧を破って燭光が輝くに違いないと述べもする。

小林の楽しみにする東京宝塚劇場のオープンは、予定よりも二か月遅れの昭和九年一月一日となる。小林は昭和七年十月四日に、新築したばかりの大阪千日前の歌舞伎座を見物した折、具体的な部分は不明だが、建物の欠陥の存在に気がついた。それは東京宝塚劇場の図面にも描かれているだけに、急いで東京に電報を打ち、工事の中止を命じた。劇場建築には共通した造りか構えなのだろうが、小林一三にとって演劇公演には不必要で、欠点と映ったのであろう。一か月遅ければ建物本体の工事は着工していたはずで、小林の指示によって設計図の書き直しをし、これにより建設費は四十万円の削減にもつながったという。このような経緯からすると、本来の地鎮祭はもう少し早く予定されていたのだろうが、十二月にずれ込んだという次第である。

小林一三の突然の設計変更の指示に、東京の建築事務所は大いにあわてたに違いなく、意向を確認しながら図面を引き直し、当時の建築物の監督官庁だった警視庁に申請し直して認可を得る手続きも必要であった。かつて大阪中座の改築につき、その華美さを批判して新聞に公開質問状を出したのと、発想としては同じなのであろう。大正十二年一月二十日に宝塚新温泉の施設や劇場が焼失するが、三月二十日には中劇場、八月には宝塚新温泉パラダイス、翌年の七月には四千人収容の宝塚大劇場が竣工するという突貫工事は、観客を待たせることなく、しかも安い料金で見せるためには、華美に見せるだけの手間のかかる造作は必要がないとの判断による。東京宝塚劇場も、開場は二か月遅くなったとはいえ、見直しによって低料金で演劇をより多くの家族に提供できるようになり、しかも予算を下回った余剰金は、また別の事業に利用できるというメリットも生じてくる。

東京宝塚劇場のオープン

昭和九年一月一日、東京宝塚劇場の開場となり、各紙には一面の広告を打ち、柿落《こけらおと》しは宝塚大劇場でも前年八月に大評判になった白井鐵造の月組「花詩集」十八場で、「大衆芸術の陣営」「家庭共楽の殿堂」とし、ずらりと並んだ少女たちの舞台姿と、建物の全景の写真を入れる。入場料は、二円、一円五十銭、一円、五十銭という、他の劇場に比べると破格の廉価であった。ほかに、舞踊劇「三番

東京宝塚劇場開場（新聞広告）

叟」、喜歌劇「巴里のアパッシュ」、久松一声の歌劇「紅梅殿」の曲目を並べる。とりわけ「花詩集」は評判が高く、宝塚でも八月には月組、九月には花組、十月には星組が公演するという、三か月連続の人気ぶりだった。

新劇場と宝塚少女歌劇という鳴り物の宣伝だけではなく、東京での売り込みには周到な準備もしていた。昭和八年十二月二十日の「東京日日新聞」では、NHKラジオ番組「宝塚少女歌劇のラヂオレヴュー『花詩集』」との紹介記事を大きく報じ、「月組と声楽専科のスター連、夜の八時、大阪から中継」と、配役からプロローグの歌詞、舞台での場面ごとのセリフにいたる詳細な紹介、それに小夜福子等五人の顔写真まで掲載する。東京宝塚劇場オープンを前にして、宣伝には大きな効果があったと思う。

もっとも東京でのラジオ放送はこれが初めてではなく、同年の七月十九日には、「星組の御披露に、喜歌劇『なぐられ医者』BK夜八時」と、報じられてもいた。

> 宝塚少女歌劇に今度新しく星組が生れた、今晩はその御披露放送である。小夜福子《さよふくこ》を組長とする月組、奈良美也子を組長とする花組、桂よし子を中心とする雪組の老巧に対して、これは右既成三組中から選抜された新進揃ひで、これから大いに売出さうといふ溌剌《はつらつ》たる御連中許り《ばか》、組長は芝居上手な門田芦子《かどたあしこ》、『なぐられ医者』は七月処女公演に上演中の喜歌劇で、作者は岸田辰彌、作曲は山内匡二《きようじ》氏である。

詳細な紹介に続き、配役の園井恵子《そのいけいこ》、春日野八千代《かすがのやちよ》の写真を掲載し、第一場「海岸」、第二場「ナポリへの街路」などとセリフの一部も示す。宝塚少女歌劇の舞台中継は、人気のある放送番組にもなっていたのであろう。

さらに十二月二十九日の紙面では、宝塚少女歌劇の正月公演の広告とともに、文部大臣鳩山一郎から小林一三宛の手紙も紹介する。

拝啓、今度東宝劇場いよ〳〵御開場の御運びと相成り、誠に御目出度《めでたく》祝上《いはひあげ》候。今朝より切符前売と承り、早速娘共馳せ参じ候処、人の山にて正午まで相待《あいまち》候へ共、目的を達せず、失望して立《たち》戻《もどり》候。誠に御多忙中、恐縮の次第に御座候へ共、左記の日の切符手に入り候様、事務の方へ御下命願はれ候はば、誠に難有《ありがたく》存《ぞんじ》候。勝手ながら願用のみ、早々　鳩山一郎　十二月廿五日　小林一三様侍史

鳩山一郎は昭和六年から同九年まで犬養《いぬかい》内閣の文部大臣、娘は五人、五女は当時十歳なので、上の娘たちが日比谷三信ビルの東宝事務所まで、前売りチケットを求めに出かけたようだ。九時からの発売、行くとすでに長蛇の列で、正午まで並んで待ったものの、結局入手することができなかった。娘たちにせがまれたのであろうか、父親が直接小林に手紙を書いて依頼する仕儀となった。具体的な日付がないのは、手紙は全文ではなく、承諾を得て一部の引用にとどめたのであろう。

鳩山一郎の手紙の後に、小林は、

廿五日は大祭日の上に、前売第一日であつたため、混雑しまして誠に相済みませんでした。もう今日は少しもお待たせすることはありませんが、何しろ三千の座席、其の半分は前売、其半分は

当日売り、いつおいで下すつてもよい場所が沢山ありますから、何時にても御用命の程御願申上げます。　東京宝塚劇場　社長小林一三

と返信し、同じ紙面に掲載する。この日は皇太子ご生誕慶祝（現上皇、十二月二十三日誕生）、皇居に近い日比谷も記帳する参賀の人であふれていた。前売りチケット発売初日と重なり、混雑したことを詫び、もうそのような状態にはないと断る。三千の座席、前売りと当日券は半分ずつ、そのためいつでも観劇ができる仕組みにしていると説明する。小林一三は、鳩山一郎に特別な便宜をはかったわけではないようで、手紙の往復文を載せることによって、結果的に宝塚少女歌劇の人気ぶりを紹介し、劇場の大きさと座席は容易に確保できることをアピールする。むしろ宝塚少女歌劇の評判のほどと、チケットの販売は前売り券と当日券と半分ずつという、新らしい方法の導入を宣伝する狙いもあった。

このような事情を説明したからといって、入場者が毎日三千人ずつ均等に観劇したわけでもなく、その後広告で「大入り満員」とするのは、人気をあおる宣伝文句であるにしても、当日券を求めての混乱は生じていた。一月九日の広告文には、当日券を求めて千人以上の客が並んで渋滞してしまうため、支払いは釣り銭のいらないように、「窓口にてホイソレと受渡の出来るやうにお願ひ申し上げます」とするありさまであった。

日比谷という演劇とはあまり縁のなかった土地に、はなばなしく東京宝塚劇場ができたことで、今後は大阪から年に数回の上京公演ではなく、宝塚少女歌劇団の根拠地として評判をさらに高めようとする。大阪だけではなく東京にも劇場を持つにいたり、演劇界の巨星的な存在の松竹としては、徐々

に進出して来る姿に脅威も感じたはずである。その年の十二月二十日から二十九日までの歌舞伎座では、「松竹少女歌劇掉尾《とうび》特別公演」とする「ウインナワルツ」を披露する。歌舞伎座では新春公演を控え、実質的には休みの期間に松竹少女歌劇の公演を入れ、すこしでも知名度を高め、観客を呼び込もうとする。その宣伝文句は、「一九三三年度レヴュー史上燦然《さんぜん》たる記念塔築く、超特別豪壮篇、豪華！清純！艶美！の極致！松竹は遂にレヴュー王座を確約す」と謳《うた》う。しかも連日昼夜二回の公演、観劇料は二円八十銭、一円八十銭、八十銭という、歌舞伎座では低額の設定をする。

これが終わると、休む間もなく場所は浅草松竹座に移し、

新名物第一回　松竹少女歌劇新春公演「春のをどり」

と、東京宝塚劇場に先駆けて十二月三十一日からの公演となった。これは明らかに正月から始まる宝塚少女歌劇団を意識し、対抗しての浅草公演であった。全生徒三百五十人の総出演という豪華さで、しかも宝塚を意識したのか、歌舞伎座とは異なり、一円六十銭、八十銭、五十銭という料金を打ち出す。

大阪松竹少女歌劇団による、大正十五年四月の「春のをどり」は好評で、道頓堀の名物となったほどであった。昭和三年八月には浅草松竹座で「虹の踊り」の公演、これが人気となり、東京でも楽部の創設となり、少女歌劇団が生まれ、昭和六年には大阪と東京が統合して松竹少女歌劇団（ＳＳＫＤ）の誕生となった。なお、浅草松竹座はもと御国座、関東大震災で焼失し、再建されて昭和三年には松竹系の外国映画封切り館となり、昭和六年以降は松竹のレビュー館として用いられ、水の江滝子など

の登場で一世を風靡するにいたった。

日比谷界隈の劇場争い

宝塚少女歌劇の拠点とした東京宝塚劇場は、小林一三にとって僥倖ともいえるのだろうが、日比谷の東京電燈の土地を思いがけなくも入手したことで出現した。大阪から上京しての公演も軌道に乗り、これならば東京で自前の劇場を持ったとしても、年六か月は確実に宝塚少女歌劇で舞台を埋めることができる。問題は残りの半年の間、舞台の穴を空けないように、どのようにして他の演劇で補うかであった。この将来的な展望のもとに、東京電燈の役職に就いてほどなく、候補地となる土地を探していた。それが意外ななりゆきで日比谷の土地を購入し、浅草とは異なる新しい風土のアミューズメントセンターを出現させようと、小林一三は大きな構想をいだくにいたった。

日比谷周辺の劇場といえば、明治四十年三月に開場した、由緒のある帝国劇場が存する。国立ではなかったとはいえ、渋沢栄一を創立委員長とし、大倉喜八郎、福沢桃介《ももすけ》など財界人の重鎮三十一人が名を連ねて発足した、いわば国策的な背景のもとに竣工した。オペラなど演劇の革新的な試みをし、海外から演劇団を招くなどしたとはいえ、運営は必ずしも順調ではなく、根津嘉一郎の斡旋もあり、昭和五年一月からは松竹が十年間の賃貸契約を結び、経営権も移譲されることになる。

松竹は大阪道頓堀の五座や文楽座などを運営し、東京では歌舞伎座、明治座、新富座等次々と手に入れ、松竹系の映画館も浅草松竹座を始め、演劇界においては圧倒的な数の勢力を誇っていた。歌舞伎俳優も大半をかかえ、多くの舞台や映画俳優も擁するという、興行界における巨大な存在であった。歌舞伎座と帝劇では交互に歌舞伎の公演、専属俳優による演劇を催していたが、世の不況にともない、大劇場の維持は困難になってしまう。松竹は方針を大きく変え、昭和六年から帝劇は外国映画専門の封切り館とする。

帝劇のすぐ近くに東京宝塚劇場の工事が始まったのを知った松竹は、演劇の集客で失敗しただけに、いささか驚きの思いだったに違いない。一方では、昭和四年二月に発足した日本映画劇場株式会社（日本劇場）が、有楽町に劇場の建設を始めたものの、経済的な苦境によって工事は中断し、都心にコンクリートの粗削りの醜い姿をさらしていた。千坪の敷地に、東洋一の近代的な大映画劇場ができあがるはずながら、資金難と重役間の内紛も生じて行き詰まってしまう。竣工していれば、映画の分野で松竹の帝劇と競合していたはずである。

東京電燈の敷地を獲得する前の小林一三は、建築途中の日本劇場に食指を動かし、買収する噂もあったようだ。ただ継続して工事の再開をしても、新築する以上の費用がかかると知り、小林はあっさりと諦めてしまう。大株主の大川平三郎は、自分の最後の仕事を遂行しなければと、資金をかき集め、昭和八年四月から工事を再開する。小林一三は大川の求めにより、二万株を引き受けることにした。ただ、設計図を見ると、小林の考える大劇場の構想とは異なるため、結局は辞退したとされる。小林にとっての大劇場は、「歌、踊り、音楽」の三つの要素が必要で、巨大な映画劇場では経営は困難との判断であった。

計画から年数を経ながらも、丸の内に地上七階、地下二階、延べ五千坪、収容人員四千人の日本劇場（日劇）が出現した。洋画の封切り館としてだけでは、とても観客の動員は見込めないと邦画の上映、さらに舞台の演劇も加える方針とした。

昭和八年十二月二十五日にオープンとなり、年内は「国防献金、有料試写会」とし、初日は「非常時小国民大会」の名のもとにワーナー・ブラザーズの作品、二十六日はフォックスの「無名戦士」、二十七日はワーナー・ブラザーズ「戦争の嵐」などと進めたため、洋画輸入会社をめぐって松竹との争いに発展する。日比谷から丸の内界隈は、昭和九年の新春に日本劇場と東京宝塚劇場との演劇での競合により、挟撃状態の松竹の帝劇は今後どうなっていくのかと、新聞はなりゆきを興味深く書き立てる。松竹と日劇側は、料金問題を始め、新春興行の企画など今後の計画を立てたいところながら、小林一三は東京宝塚劇場の運営について黙して語らないだけに、具体策の練りようもなく、もっぱら互いに偵察戦の最中だとする。

東京宝塚劇場の開幕にあたって、菊池寛は「小林君の仕事は、すべてウマク成功してゐるが、残念ながら此劇場は失敗だ。結局、松竹にやられると思ふ」と述べたという。小林としては確信をもって事業の展開をしたとはいえ、菊池のことばに代表される世評もあり、一抹の不安は覚えたであろう。それは東宝に限らず、松竹や日劇にとっても会社の命運にもかかわるだけに、必死の思いでいたはずである。

松竹は浅草を中心とした東京の主要な劇場を傘下に収め、映画撮影所は蒲田に置き、日活を圧倒するなどして配給する系列上映館も増やしてきた。残るは丸の内で、日劇と東京宝塚劇場の進出には深刻な悩みでもあった。帝劇の運営も順調ではなく、芝居から洋画専門館に変えると、館内の食堂や売店とのトラブルを抱えてしまった。かつての芝居茶屋は劇場運営にもかかわるほどの大きな力を持っていたが、帝劇になって改革されたとはいえ、まだ古い風習は残っていた。それが映画専門館となるにともない、食堂・売店も松竹直営に切り替えることにした。店の経営者たちで組織する〈翁会〉と称する組合員三十二名は、職を奪われるだけに、これまでの造作費や生活費の保障を求めて交渉する。松竹としても芝居の公演はしなくなっただけに、すべての運営に関与する改革に踏み切り、組合との話し合いは順調に進まず決裂してしまう。

松竹は当初、「映画は試験的な試み」との返答だっただけに、翁会は芝居の再開を期待し、ほそぼそと営業を続けていたところ、昭和八年十月になって帝劇から一方的に退去命令がなされ、争いは警察沙汰にもなってくる。翁会のこれまでの投資額は十数万円、せめて七万五千円の補償をと求めたものの、松竹は家賃の滞納金もあるため、支出できるのは二千百三十円にすぎないという返答に、あまりにも隔たりが大きすぎた。翁会は、帝劇での営業はもはやできないものと知り、五万円の要求も徐々に下げて二万五千円としたが、松竹は五千円まで譲歩し、これ以上はビタ一文出さないと突っぱねる。ついに話し合いは決裂し、組合員八人が三階の部屋に立て籠もりのハンストに突入、松竹側は電気、ガスを止め、水だけは命にかかわるのでと元栓は開けたままにする。この結果はどうなったのか、その後の経緯について新聞には報じられていないが、これ一つにしても、松竹にとって帝劇の経営は頭の痛い問題だった。

有楽町に日本劇場がオープンし、十二月は日替わりの洋画を放映したことはすでに述べた通りだが、その案内文を次に紹介しておく。

起工以来五星霜を数へ、巨費を重ねてその構築を急ぎつゝありました日本劇場は、茲《ここ》に目出度く万般の構築設備を完了し、帝都随一を誇る映画とステージショウの殿堂として、処女美晴やかな新装を丸の内有楽街に現はし、「陸の龍宮」として皆々様の御来場を御待ち申上ることになりました。来る廿四日開場式に次ぎ、下記上映表に御覧の通り厳選を極めました名画豪華の版数々の提供によつて、非常時日本初春への前進開始に移りますれば、何卒《なにとぞ》皆々様御誘合せの上賑々敷《にぎにぎしく》御来場の程伏して御願申上ます。

追白

又場内は善美を尽し、典雅を極めたる諸設備配色をもつて装飾され、御着席時の御疲れを防ぐクッションの軟かさと共に、暖房換気の法に従ひ専ら場内衛生に細心の注意を払ふ外、懇切を旨とするサービスガールの御接待も亦当劇場の誇りで御座います。何卒皆様の日劇として、或は又共に語り、共に鑑賞さるゝの社交場として末永く御来場御利用の程重ねて御願申上ます。

昭和八年拾弐月吉日

巨大な劇場の出現で、設備のすばらしさを誇り、茶屋や接待役の「出方」制度を改め、サービスガールを場内に配し、社交場としての利用も勧める。劇場が映画や演劇の鑑賞だけではなく、人との交流の場として提供されていくのも、新しい流れであった。

一〇　日比谷の演劇世界

昭和九年新春の三館競演

東京宝塚劇場は昭和九年一月二日に幕開き、宝塚としては満を持しての劇場披露で、大阪で三か月連続公演をして人気には自信のある「花詩集」を持ち込む。「大衆芸術の陣営、家庭共楽の殿堂」をモットーに、平日は夕方六時に開演し、十時には終わるという四時間の公演で、日曜祭日は一日二回とする。休憩は二、三十分の一度、娯楽本位の演劇に努め、教育的にもふさわしい内容とする。宝塚少女歌劇は月雪花星の四組があるため、年に六回は公演し、残りの月は家族がうちそろって楽しめる演劇をすると、小林一三は開幕にあたって宣言する。

大正時代から始まった宝塚少女歌劇の東京公演は、毎回順調に推移し、その人気ぶりから東京で公演する劇場を持つ動きとなったことは、すでに述べてきた。昭和七年八月十二日に開いた、中央電気倶楽部での株式会社東京宝塚劇場創立総会の趣意書によると、「歌舞伎座、新橋演舞場等で実験した結果から見ると、一年五回位は充分興行しうるといふ確信を得た」としていた。開場一年前の昭和八年一月二十五日付けの、小林一三の秦豊吉宛の手紙には、「一ケ年中、六ケ月は宝塚少女歌劇開催として、一、三、五、七、九、十一月か、一、三、四、八、十、十一月か未定。其他の六ケ月は何を開演すべきか」と、一年のうち、何月が宝塚少女歌劇の公演にふさわしいかを問いかける。さらに「東京六回、宝塚四回、即ち一年十回開演、二回休演せしむ」とも記す。宝塚少女歌劇の四組を、東京と宝塚で交互に公演し、東京で舞台の空く残りの六回は、前進座、新国劇、曾我廼家《そがのや》五郎劇か梅沢昇一座などを招くのはどうかとする。東京の舞台も二か月連続ではなく、奇数月の公演を考えるなど、宝塚少女歌劇の回数と配分には思い悩んでいた。

秦豊吉は歌舞伎俳優松本幸四郎の甥にあたり、大学の卒業後三菱商事に勤め、丸木砂土《まるきさど》（フランスの小説家マルキ・ド・サドを模す）の名で翻訳、小説を書くという文芸への関心が高いだけに、小林一三の強い誘いで東京宝塚劇場に転職する。秦の回想（『演劇二十年』）によると、昭和八年に菊池寛・小林一三との座談会で始めて出合い、早速なのだろう、東京電燈の社長室で辞令をもらったという。ベルリンでの六年にわたる勤務を終え、三菱商事の総務部に勤めていた頃で、昭和八年一月には東京宝塚に身を置くようになる。秦の文才と演劇や劇場経営の感覚もあると見込み、小林は相談して案を示すことにより、反応を試みようともした。なお、秦の代表作としては、レマルクの『西部戦線異状なし』の翻訳がある。

一月三十日の小林の手紙では、

一、宝塚少女歌劇を東京に於ても、一年十二回興行の出来るように、其内容実質共に、天下無双のものにこしらえるに限ると思う。

一、なまなか他のものを六回興行する為に、芝居だとか、トーキーだとか、其の利益もあやふやなものに苦心するのは馬鹿気ている。

一、即ち、トーキーは日比谷映画館に一任して、東宝劇場は宝塚少女歌劇一点張で、十二ケ月お客様の来るように全智、全力を傾すべきである。

とも記し、東京宝塚劇場での宝塚少女歌劇団の位置づけに苦慮していた姿をかいまみる。この手紙でも指摘するように、日比谷大神宮跡地（大隈重信邸跡で、当時神宮は移転していた）にはトーキー専門の日比谷映画劇場を建設する予定にもしており、東京宝塚劇場との差別化をはっきりさせたいとの思いがあった。敷地五百坪、定員二千人の収容で、七月五日に地鎮祭、翌年二月一日に開場となった。東京宝塚劇場が開幕してわずかに一か月後、この計画には日本劇場も松竹も驚き以上の恐怖を感じてしまう。しかも料金はすべて全座席五十銭という、一等も二等もない斬新なアイデアを打ち出す。

昭和九年の新春はどのような対抗策で迎えるか、日劇と松竹両者は戦々恐々としながら、出し物を決めるのに東宝の腹の内を探り、情報集めに躍起になっていた。

日本劇場が目玉にしたのは、アメリカ生まれで日系三世川畑文子《かわばたふみこ》の起用で、ニューヨークの劇場のほか全米で公演してきた実績があり、歌手とダンサーとして人気があった。たまたま休養をかねて昭和七年十月に日本を訪れたところ、横浜港にはコロンビアレコードが待ち構えていたのがきっかけで、日本での芸能活動を始めるにいたったという。翌八年一月には帰朝第一回の公演が松竹系の東京劇場で催されて大評判になり、レコードを出し、ラジオ番組にも出演するなど、たちまち人気は上昇する。日本劇場はすぐさま、宝塚に対抗する存在として出演の獲得をする。これには松竹も黙ってはいられず、川畑ではなく「エノケン一座」の提供を申し出るのだが、日劇側は一蹴する。松竹映画の女優でもあったベティー稲田、久米雅子、岸益子などを加えてミュージカルショーの結成となり、東京宝塚歌劇場がオープンする直前の十二月三十一日に、日劇では映画の前舞台のショーとして披露する。広告文には、「洗練されたる日劇独自の名レヴュウ」とし、

躍る一九三四年

川畑文子嬢出演外五十名

五十名美少女踊子の、助演を加へた日劇独自の華麗典雅な新レビュウの大展示

と、はなばなしいことばの宣伝、東洋一を誇る日劇の客席、「ハイヒールの光から、新春を蹴出さうとしてゐる」と紹介していく。映画は、松竹と競合するように「ゴールド・ディガース」「大帝国行進曲　カヴァルケード」が、ワーナー・ナショナル、フォックスから提供を受けての上映である。洋画の輸入も、各社の競争となり、映画が隆盛してくればくるほど、上映権をめぐっての争いが生じるが、煩雑になるのですべて割愛する。

ここで注目されるのは、川畑文子をリーダーとするミュージカル団で、五十名からなる少女の踊りを加えたというのは、明らかに宝塚少女歌劇を意識しての結成であった。開幕すると公演は大当たり、劇場外には入場しようとして長蛇の列が生じたほどで、日本劇場は「満員御礼」として一月十二日ま

で続演する。なお料金は、指定席五円、二階席二円、一階席八十銭、三階席は五十銭と三十銭であった。

東宝と日劇の新興勢力を迎え撃つ松竹として、歌舞伎座で松竹少女歌劇の公演をした後は例年の新春歌舞伎、大勝館、邦楽座、武蔵野館等では正月用の映画上映、年末には共通半額券を配布し、帝国劇場は洋画専門の封切り館として活用していたが、日本劇場と東京宝塚劇場に対抗するため、芝居も一部再開し、改装工事に着手する。十二月二十八日から三日間休館し、映画と舞台兼用に大改修する。これによって設備を更新し、モダンな喫茶、売店などとともに、ウエスタン調による世界一流のトーキー館として「明るい帝劇」に生まれ変わったと宣伝する。

松竹少女歌劇団は、東京宝塚劇場との直接対決となるのを避けたのか、十二月三十一日から浅草松竹座の公演で第一部を務め、第二部は映画「中尉さんと花売娘」(ウインナ・ワルツ)が上映される。料金は、一円六十銭、八十銭、五十銭とし、歌舞伎座とは異なり一円も低く抑えたのは、宝塚少女歌劇への対抗意識による。

改修による休館の後帝国劇場は、日劇と同じく十二月三十一日からはユニバーサルの「SOS氷山」とMGMの「キートンの麦酒王」の映画二本に、松竹蒲田から五所平之助率いる、伏見信子、坪内美《よし》子《こ》、上山草人《かみやまそうじん》出演の喜劇「牝犬も歩けば」を持ってくる。出演者一同の名のもとに、

蒲田が七年ぶりの帝劇進出です。私共の実演「牝犬も歩けば」に対して、絶大なる御声援を頂きまして、身に余る光栄と深く御礼申上げます。尚、此度は撮影の都合上六日限りで御座いますが、

　御一覧の上、是非御高評頂き度《た》く伏してお願ひ申上げます。

と、ことさらの公演だともする。功を奏したのか、「新春の御家族御団欒《だんらん》に、弊社直営館悉く、予想以上の広大な御利用を頂きました事を深く感謝致します」とし、さらに、
　殊に帝劇、邦楽座は連日前例無き混雑を呈しました為、遺憾ながら充分の御奉仕を致しかねました点、ひとえに御詫び申し上げます。

と、これも宣伝の方法なのだろうが、「満員御礼」のことばを用い、松竹系の劇場名を列挙する。なお邦楽座は、「ミッキイ一座」「キングコング退治」などの漫画短篇特集を組んでいた。

　昭和九年になって一月七日からは、映画とともに、松竹の人気女優八雲理恵子などの「二人道成寺」、その後も清楚な女優として知られる及川道子、舞台女優の村田嘉久子などと帝劇への出演があいつぎ、新聞でも「蒲田のオール・スター・キャストの豪華実演で行かうといふ魂胆」と評されるほどであった。それも息切れしたのか、二月八日からは松竹少女歌劇団による「ポンポン・ルージュ」の公演となる。新聞には大きく「松竹少女歌劇帝劇進出」とする見出しで、しかも、
　丸の内娯楽街で少女歌劇は断然帝劇。帝劇の舞台は絶対的だと大評判、空前の満員。

と、明らかに目の前の宝塚少女歌劇を意識しての宣伝をする。松竹少女歌劇は三月七日まで一週間ごとの出演をするが、再度映画専門館に戻ったこともあり、その後は帝劇の舞台を踏まないままとなる。

松竹少女歌劇団は浅草松竹座や新宿第一劇場をホームグランドとしながら、日比谷公会堂、東京劇場、新宿第一劇場、大阪の道頓堀、さらには京都の南座でも公演するなど、宝塚少女歌劇が大阪と東京と

の二劇場を拠点とするのとは、活動方針はかなり異なりをみせる。「陸の龍宮」と誇示する日劇が、「チャップリンの街の灯を迎へて」（解説徳川夢声・山野一郎）で話題をさらい、アメリカのマーカスレヴュー団を招いて人気を集めるなど、映画と舞台の構成で進めたこともあり、松竹としては少女歌劇団の位置づけが定まらなかった事情も存するのであろう。

小林一三の劇場街の夢

小林一三が日比谷に宝塚少女歌劇団の劇場を建設するにあたり、映画の劇場を持ちたいと考え、すぐさま旧日比谷大神宮の跡地も確保した。ダイヤモンド社会長だった石山健吉の回想によると（「小林さんを追憶す」）、

東京宝塚劇場の前に、百坪ばかりの空地があった。それは根津嘉一郎の所有であった。根津氏とは同県人の間柄であるので、話が容易に纏まり、空地の一角にスタンド劇場を建設した。現在の日比谷映画劇場がそれである。この劇場は、見らるる通り真ん丸である。スタンドにおおいをかけたと同型の劇場である。建設費は、安上りになった。建物の建築代が四十万円、座席や暖冷房設備を加えて、総計七十万円で出来上った。それで観客を千百人入れることが出来る。無類の安価である。小林さんは、この劇場に五十銭均一という安値興行をした。そうしたら、非常に繁盛した。

と記す。「百坪ばかりの空地」というのは誤りがあるのだろうが、大神宮の跡地は根津嘉一郎の敷地になっていたようで、小林は日比谷、有楽町一帯を劇場街にしていくという将来構想を述べ、譲り受けることになった。この劇場は映画専門館とし、松竹と合同による新会社組織にして独立させることにした。松竹も合意し、帝国劇場はレビュー専門劇場、邦楽座は新劇、日本劇場の建設を急がせて洋画専門館に、新しくできる日比谷映画劇場は邦画専門館とするという構想である。このようにして日比谷から三原橋際の歌舞伎座への縦の線を劇場街とし、銀座の繁栄とともに人の流れを収容する施設を拡充するという、都市開発構想であった。小林一三は、さらにダンスホールからキャバレーまで作ろうという具体案も持っていた。

小林一三は松竹の大谷竹次郎と、東京の劇場街の将来のあり方なども熱心に相談していたようで、丸の内の開発の次は築地との見解でも一致していた。すでに大谷は築地に眼を向け、精養軒跡地の購入を考えていたようだが、坪単価千円もするため困っていると愚痴をこぼす。かつて中央銀座に存した築地精養軒で、関東大震災によって焼失し、上野に移転した跡地を指す。小林は賛意を示し、「築地河を隔てて壮麗な劇場は美観からもすばらしいので、計画を進めるように」と、強く勧めている。精養軒の跡地は時事通信社の社屋となったことからすると、松竹の構想は実現しないままとなった。一方の小林自身は日比谷のアミューズメントセンターとは別に、浅草か下町に同じような劇場街を持ちたいとの夢もいだいていた。

小林は東京宝塚劇場が姿を現すにつけ、宝塚少女歌劇が公演しない月は、映画の上映館として利用することも考えていた。ただ、東宝の社員たちはこぞって反対したため断念し、併用ではない新たな映画専門館作りを模索するにいたった。乱立を避けるためにも松竹と共同で新会社を発足し、上映内容も日劇とすみ分けをするとともに、日比谷から銀座にかけて秩序ある劇場街の構想も持ち出したのであろう。新しい映画館作りに松竹も了解し、その候補地となったのが旧日比谷大神宮跡の根津嘉一郎所有の土地だったという事情である。小林の念頭にはすでに具体的な構想もできあがっており、「地階付二階建の円形建築とし、千八百九十人を収容」し、二十五万円の資本金で賄えるという内容で、劇場図案もできあがっていた。

石橋賢吉が「スタンド劇場」と述べるように、敷地の周囲に柱を円形に立て、それに覆いをかけてできあがるという、いわばテント形式の構造で、それだけ工期も短く、工費も安上がりになるという。

日比谷―木挽町
この一線に描き出す歡樂境
まづモダン新劇場を立案
小林一三氏の企圖
大歡樂境◇現實夢

小林の劇場経営談「東京日々新聞」昭和８年12月18日

小林にとって、短期間に経費をかけることなく大劇場が出現すると、おのずから入場料は安く設定でき、家族連れの客も気軽に劇場に足を運んで楽しめるという発想である。東京宝塚劇場の建築費も、設計の見直しによって四十万円浮き、その費用で日比谷映画劇場もまかなうことができた。入場料金は全席均一の五十銭というのも、このような徹底的な合理化によって可能となった。

かつて小林一三は松竹の中座の豪華さを見て新聞で批判したように、設備は充実させても、演劇に直接かかわらない構造や装飾は必要がないとの立場である。劇場の華麗さを演出する費用はできるだけ省き、観客の負担を軽くし、それだけやすく演劇を見てほしいとの考えである。日本劇場の披露で、「場内は善美を尽し、典雅を極めたる諸設備配色をもつて装飾され」とするのは、小林にとっては無駄な費用にすぎないと映ったことであろう。東京宝塚劇場の紹介になると、新聞では華麗な日劇と比較し、料金は安いにしても「内部は出来るだけ装飾が省かれて、寂しい位だ」と評する。小林にとって劇場を訪れるのは、内部の装飾を見に来たわけではなく、演劇を楽しむためだと主張したいところであろう。松竹からすれば異論のあるところで、舞台で演じられるのが芝居のすべてではなく、木戸をくぐればすでに観客は歌舞伎の世界に足を踏み入れたことになるだけに、雰囲気と情緒を醸すためにも装飾から緞帳のはなやかさは不可欠との言い分である。

宝塚少女歌劇とてテント劇場のようなそっけない建物でよいわけではなく、外観はモザイクタイルの象牙色、建物上部の「東京宝塚」の文字は金色、その上に飾られる五線譜のネオンは、点滅して宝塚音楽学校の校歌を奏でるという趣向であった。伝統芸能と新興芸術との、平行線をたどる議論ではあろう。

松竹にとり、東宝と出資し合って新しい組織を立ち上げての映画上映は魅力的とはいえ、やはり考え方が根本的に異なる。興行界の絶対的な存在の松竹にとって、小林一三のプランには沽券《こけん》もあって乗れないだけではなく、むしろこれまで築いてきた牙城が崩されかねない危惧の念もあった。日本劇場の工事が早まり、帝国劇場と競合する事態の出来《しゅったい》に危機意識を持ち、新しい邦画劇場の提案に賛意は示したものの、その後の日比谷から有楽町・銀座一帯の劇場街の小林構想を知るにつけ、これでは松竹の存在そのものが問われかねない。そのような経緯もあり、一度は承諾した小林一三の申し出ながら、松竹としては断ることにした。過当な競争を避けようとの提案ながら、松竹と東宝の共同事業構想はこれで潰えてしまった。

当時の松竹は、丸の内界隈に歌舞伎座、帝国劇場、それに築地の東京劇場を持ち、世間では「松竹娯楽ゾーン」と称されていた。そこに日本劇場と東京宝塚劇場が進出してきただけに、人々は新興勢力が松竹とどのような争いをするのか、その推移を興味深く見守っていた。そこに東宝側の案を松竹が拒否したというニュースが入り、話題は沸騰してくる。昭和九年一月九日の「東京日日新聞」には、「〈丸の内〉対〈築地〉」とし、「興行街・本格乱戦へ、小林氏つひに松竹と絶縁」とする見出しで、対立する内容が紹介される。松竹の城戸四郎（大谷竹次郎の娘婿で実家は精養軒）は、築地の精養軒跡地にアミューズメントゾーンを作り、東京劇場から歌舞伎座を含めた興行街を目論んでいた。そこに日本劇場が割り込み、映画館の経営だけではなく、映画やニュースの撮影、上映、配給、それに舞台もすると宣言したというのだ。さらに東京宝塚劇場が続き、二月には日比谷映画劇場が開館する。実情は不明ながら、これまでは小林一三側から松竹へ新会社設立を呼びかけていたとしていたが、新聞ではまた別の報道をする。裏では、両者によるさまざまな駆け引きがあり、自らの立場を有利にしようとの思惑もうごめいていたのであろう。一月四日の夜、東宝では幹部会が開かれ、

再三、城戸氏から松竹と映画の提携の申込みはあったが、主義、方針を異にするものとは握手する必要を認めないと議決し、松竹と友誼的に進むといふ従来の仮面を放じて、遂に宝塚チェーン結成へと一歩前進した。松竹は果してどのやうな方法で、この新興勢力に対抗し、松竹伝統の強引を突っ張るか、興行街の風波は荒模様である。

と、申込があったのは松竹側だったとする。東宝としては、松竹からの再三の申し出を検討した上で、主義、方針が異なるとの結論に至り、独自の道を歩むことにした。これが「松竹と絶縁」といったことばになったようだが、興行界では相互依存をしなければ生きてはいけないだけに、小林と松竹の関係は、時には対立し、助け合いもして不即不離の関係が続いていく。

小林一三の夢は、日比谷から有楽町・銀座の一帯を、浅草とは異なるアミューズメントセンターに育てたいとの思いであった。いくつかの新聞社が活動しており、帝国劇場、帝国ホテル、日比谷公園、日比谷図書館、音楽堂などがあるだけに、「浅草よりは、より高級に、上品に、そして家庭本位に、清遊の出来る帝都の新名所」を創出したいとの願いである。東宝はすでに東京宝塚劇場と日比谷映画劇場を持ったが、さらに秋には有楽座という名の劇場も造りたいし、三信ビル正面の空地には松竹館、

日活館、市村座等も勧誘し、賑やかな劇場街を形成したいと述べる（「初夢有楽町《アミューズメント・センター》」）。この構想は松竹のアミューズメント・ゾーンと対立し、さらには伸展する東宝の姿を目の当たりにし、安定していた座を奪われるという危機感ともなり、両者は協力と対立を繰り返す。

東宝の宣伝攻勢

小林一三がアミューズメントセンター構想を打ち出し、東京宝塚劇場は「東京の新名所」として売り出し、広告文は三方を音譜入りの五線譜で囲み、そこには必ず「大衆芸術の陣営・家庭共楽の殿堂」のことばを挿入する。松竹とは路線の対立が明らかになり、独自の方針で進むようになったとはいえ、宝塚少女歌劇団四組で、一年十二か月をどのように配分公演をしていくのか、歌劇のない月はどのようにして埋めるのか、それは当初からの大きな課題であった。宝塚少女歌劇が年六か月の公演だと、残りは演劇を開く必要があり、松竹から俳優を借りなければならず、人選などうまくいかない恐れも生じる。将来の演劇の見通しのもと、東宝劇団を創設することにし、昭和九年一月三日から男女優の募集を開始する。宝塚国民座が失敗したとはいえ、国民劇創成の夢を東京で再度試みることにした。

四組が東京での公演となると、公演のたびに大阪から上京するわけにはいかなく、御成門の近くに「東京寄宿舎」を新設し、昭和八年七月一日から新橋演舞場で演じる花組が初めて使用することになる。東京宝塚劇場開演の準備態勢を整えながら、大阪では十二か月交替で公演しているため、東京行きはどの組が出演するのか、曲目は、スタッフは、などと課題も多いことであった。幸いにも、東京での開幕一年目の昭和九年は、予想した以上の入場者で、九か月は宝塚少女歌劇で舞台を埋め、「花詩集」は一月の月組、二月は花組によって連続公演をする評判となった。月組などは、昭和八年に地元の宝塚で年に四回の公演をこなした後、開幕した昭和九年には東京宝塚劇場で三回、大阪でも四回出演するという、かなりハードなスケジュールであった。

東京宝塚劇場正月興行「東京日々新聞」昭和9年1月3日

　東宝にとっての昭和九年の出発は、帝国劇場と日本劇場の攻勢もあり、今後の趨勢を決める重要な年と位置づけ、徹底して独自の新聞広告を、数日おき、時には連日のように掲載していく。これにあわせるように、新聞も日比谷・丸の内の三者の劇場争いを興味深く記事にして煽り立てる。すでに鳩山一郎と小林一三との往信によって、前評判の高い宝塚少女歌劇の人気ぶりを示していたが、同じ枠組でさまざまなキャッチコピーを掲載する。一月二日に開幕した翌日の新聞には、「大入満員御礼!」の見出しで、次のような長い文章を示し、人々に興味を持って読ませようとする。

一、果然! 二日開場早々、押すな〳〵の盛況にて大入満員、改めて御礼を申上ます。

一、同時に、いろ〳〵不備の点を発見、それからそれと修正やら、訂正やら、日一日と内容の充実を図つて居りますから御安心下さい。

一、尚、当日売は午前九時から発売して居りますが、朝の中は一寸混雑するので申訳がありません。混雑がすぎる頃には、もうよい場所がないといふお小言を頂戴するので、困つて居ります。然し、当日売のお客様を優遇しやうと云ふ当劇場の方針をまげる事はイケないと思ひますから、可成《なるべく》前売を使用して、よい場所をお取り下さることを御願申上ます。

一、前売場所を変更しました。東宝劇場切符売場

同じ日の新聞に、松竹も帝国劇場以下の系列劇場を列挙して「満員御礼」の広告を出しており、ことば通りではなく、演劇世界の常套句なのではあろう。小林一三は、宝塚の職員に広告文には必ず「満員御礼」を挿入するようにと指示していた。群集心理を狙っているのだろうが、それにしても写真やイラストもなく、長い広告文を読ませようとするのは、知的レベルの読者には好奇心をかきたてる効果がある。読み進めると、劇場側が大勢の客を前に困惑し、誠意ある対応に努めている様相が伝

わってくる。午後なら混雑しないとか、客から小言まで言われる係員の姿、それでも公平さを堅持するといった決意など、読む者は納得してくる。結果としてよい座席の確保には、前売りの利用をするようにと誘導するなど、文脈には仕組まれた巧みさがある。

「正月興行」として曲目を示し、その後には、

開演迄のお待ち合せには、劇場内の気持のいゝ、休憩室、落ちついた図書室、楽しい喫茶室、大食堂、売店等を御利用下さい。

と、館内の設備まで紹介する。休憩室だけではなく図書室もあるとなると、早めに出かけ、パンフレットを見るとか、人との待ち合わせ場所にするであろう。

一月六日には、同じ広告の枠組で「東京の新名所！　東京宝塚劇場！」とし、「今日は三越、明日は帝劇」の時代は二十年前の話で、昭和九年の新春から「昼は明治神宮外苑へ、夜は東京宝塚劇場へ」のことばになったとする。さらに翌七日には「大ホールの立話」のタイトルで、東京宝塚劇場によって初めて芝居が大衆のものになったとか、入場料金の安さ、三階席でも一階や二階と同じ設備で待遇も変わらない、などと二人のはずむような会話で進められる。

一月九日は「大入り満員、御礼やらお詫びやら」、十四日は「日本一美しく心持ちのよい大劇場」、十五日、十六日は「花詩集」の歌と舞台写真、十八日は「まだ一度も御覧にならないお方は、是非一度、御覧下さい」などと、一つの新聞の一か月だけでも十二回、多くは異なる文面と内容で、いかに力を入れ、熱のようなすさまじさであったかがわかる。とりわけ一月は勝負をかける月との思いなの

か、日本劇場や松竹の宣伝方法とは質を異にした内容と物量作戦を進める。

阪急電鉄から東京電燈、さらに東京宝塚劇場に配属された那波《なわ》光正《みつまさ》の回想（『小林一三翁の遺されたもの』）によると、「それまで、新聞社は興行界は水ものと考え警戒して、なかなか大きなスペースの広告契約をさせてくれなかった。しかし、小林翁は財界における信用をもって、新聞社と一か月間大量スペースを格安に契約された。おかげで、東宝劇場は開場ならびにその後の宣伝で、一劇場としては考えられないほどの大物量宣伝をおこなうことができたのである」と、新聞広告による大衆への浸透作戦を進めていた背景が知られる。第二の手法は「必ず三方を音譜枠で囲み、左側だけは枠なし」にし「大衆芸術の陣営」「家庭共楽の殿堂」の二行を並べ、一目で東京宝塚の広告と分かるようにした。

朝日、毎日、読売、東京、時事、報知の六紙に、四段、五段、六段という東宝の広告を出すという積極性で、「わが広告史上あとにも先にも、ひとつの劇場がこれだけの物量作戦をとったのは嘗てないことであった」と、那波は驚きもする。さらに続けて、

> それだけ大量の広告であっても、それが皆記事広告であって、しかもひとつとして同じ広告文がなかったことである。広告文は全社員、われと思わん者は全員が書く。秦支配人も書けば私も書く。単に広告部員ばかりでなく全社員が書く。そして一公演の終りには、これを白い紙に貼りつけて、東京電燈KK社長室の翁のもとに差し出す。翁は丹念にこの広告文を見られ、赤鉛筆で批評を書かれ、良い広告には、五円、十円、十五円、二十円、と賞金額を書かれるのであった。

と、広告文は社員に書かせ、その内容の出来不出来を競争させたのだという。当初は小林一三自身が

広告文を書き、やがて社員に任せるようになったが、いつも目を光らせてチェックしていた。宣伝の方法について配られた当時のプリントには、「宣伝の上手」さとあり、芝居の本道には外れていても、現代人の好みにあわせる内容にすることなどが強調されていたようだ。

「宝苑」（六二七号）に写真掲載された昭和十年五月の「メルヘンランド」などの広告文には、始めに「女性相談」として、一人の女性の「問」が示され、

か弱い女の手で喫茶店を開店致しました。始めての経験です。経営の秘訣とでも云つた事をお教え下さい。

と、およそ東京宝塚歌劇場とは関係のない文章が記される。それに対する「答」は、経営は合理的に手堅く、店内の気分は明晰にし、サービスはお客本位に尽きるといったアドバイスの後に、「一度東宝劇場の経営振りを御覧になることを御勧めします」とし、東宝がいかに観劇料だけではなく、食堂、売店も安く、出し物は面白く、劇場内は清楚で、サービスも行き届き、客は大満足しており、この精神を学ぶと店の繁昌は疑いようがないと述べていく。さらに家庭愛の不足の問題では、宝塚少女歌劇によって解消するとし、料金も五十銭から二円までだと付記する。

切り抜かれた広告文は台紙に貼られており、その下に小林一三が赤鉛筆で、

那波　特賞拾円、今月広告中の秀逸ならん。（あとからまだあるかもしれないが）

と注記する。この広告文は那波の案文だったようで、一か月ごとに小林自らが審査し、優秀作品にはそれぞれ賞金を渡していたようだ。およそ上演の演目と直接かかわらなくても、東京宝塚劇場のすぐ

れた点を、趣向を凝らして広報すれば、小林の目からは高く評価された。こうなると、社員はすこしでもすぐれた広告文を案出し、客の入りをよくしようと、躍起になって取り組んだことであろう。

一一　東宝の演劇映画への歩み

東京宝塚劇場の経営

明治から大正にかけ、劇場の経営は旧慣習の大きな抵抗を受けながらも、すこしずつ近代化していった。中でも升席が椅子席となり、茶屋制度の廃止にともない、客席での茶菓はともかく飲食酒類は禁止、開閉時間の厳守など、今日では当たり前のことがこの時期に出現する。切符制度となり、一等から五等までの料金、場内には案内係を配し、祝儀の受け渡しはなしなどといった、応対方法も決められていった。新しい劇場を持つにあたって、小林一三も早くから思慮を重ね、人に相談しながら方針を固めていく。東京宝塚劇場の地鎮祭がなされた翌昭和八年一月二十五日に、支配人秦豊吉に運営内容の構想を語る。以下、大まかに列挙すると、次のような事項となる。

一　宝塚少女歌劇を六か月公演するとすれば、残りの半年は何をすべきか。
二　歌舞伎か新劇か、トーキー映画とバラエティーの寄席演芸にするか。
三　新時代にふさわしい演劇にすると、若手の男女優の募集が必要になってくる。数人の脚本家も所属させる。新劇団は東京六回、宝塚四回、二回は休みとする。あるいは、前進座とか新国劇を演じるようにするか。

四　一ヶ月二十五日の公演として、残りの五日間は何をするのか。一月は浪曲、二月は長唄、三月は常磐津などと、月によって演目を決めて空白の日を埋めるか。

五　四階の大広間をどうするか、五階のダンスホールは設計図の通りに進めたい。

六　東宝劇場と日比谷映画劇場の建物は向かい合うことになるが、その隣にある三井の空地は何に利用するか、「浅草は下級層の娯楽場」であるため、日比谷を「文化的娯楽設備の充実」によって新しい遊楽地帯にしたい。

このほかにも思いつきのように案を次々と羅列してはいるが、内容の大まかな点はこういったところであろう。その後も秦豊吉にアイデアを書き送り、具体的に文章にすることによって自らの考えを徐々に整理していく。東宝劇場開幕にあわせて創刊した「東宝」の巻頭に、小林一三は「東宝劇場の開場に際して」を書き、今後の運営について率直な見解を述べる。そこで示された方針は、これも項目で示すと次のようになる。

一　開演時間は午後六時から十時、日曜祭日は二回の午前十一時と夕方六時の開演、幕間は一度とし、二三十分の休憩とする。

二　地階に洋食堂があり、外部からの客も自由に出入りして利用できる。大きな喫茶店もあり、四階には食事処の竹葉亭と三階に菊屋がある。食堂も売店の商品も、すべて劇場外の店と同一値段で販売する。
三　座席券はすべて前売りと当日売半分ずつとし、一二階と三階席の客も等しく同じ飲食休憩室の利用ができるようにする。一等二等の入口は設けなく、一つにして差別をしない。
四　宝塚少女歌劇は月雪花星の四組あるため、一年の六か月は公演し、後の六か月は家族揃って見物できる娯楽本位の芝居とする。

芝居は幕間が何度もあり、だらだらと長く続いていたようだが、これによって始まりと終わりの時間がはっきりし、家族も安心して見ることができるようになる。劇場内の食堂や売店はとかく割高になっていたのを、町中の商店の値段と同一にすると宣言する。鳩山一郎との往信にもあったように、入場券は前売りと当日売りの半分ずつという斬新な方法を取り入れ、当日であっても少し早く並べばよい座席が確保できるという。益田義信《ますだよしのぶ》（益田太郎冠者《たろうかじゃ》の子、洋画家）の図案の細長いチケットは、保存して栞《しおり》として利用できるようにしてあった。上部は四分の三拍子の楽譜、白い帽子に白い衣装を身にして躍る「花詩集」の少女の姿、裏面には広告を入れて製作費に充てるという独創的なアイデアであった。図柄も公演によっても変わるため、それだけで評判がよかった。有楽町の道路には、清掃人を二人雇用し、劇場前はいつもきれいにしていた。

地階は大食堂、休憩室のほか下足置き場、通路とはガラスの仕切りで上の階へ、一階は玄関入口、一階席でも、三階席の者でもすべて平等に出入りができた。一階には切符売場、喫煙室、客席、二階、三階も客席、休憩室、各所には公衆電話等、問題にしていた四階は大広間としての休憩室、図書閲覧のスペース、五階は西洋式ダンスホールにする予定で天井の一部はガラス張りであった。耐震構造が基本で、監督室からトイレの位置、高く組み立てた道具の出し入れ、しかも建設費は極力抑えて金ピカの装飾は一切なし。舞台はとりわけさまざま凝った仕掛けがしてあり、二十五階段に百人ばかりの生徒を乗せたまま下手に入ると、上手から宮殿が押し出され、中には舞姫が踊っているといった具合だという。

演出担当者からは際限のない舞台装置の要求がなされ、効果を損なわないようにいかに抑制するかも難問である。物価は高くなるばかりで、鉄材など建設時から三、四倍に騰貴する始末で、一方では小林一三からの厳しい節減の要求もあり、設計変更は三十回にも及ぶ。努力した成果によって建設予定費は余剰金が派生するありさまで、その費用で日比谷映画劇場の建設費が捻出される。

舞台は一月二日に評判の「花詩集」によってオープンしたとはいえ、五階のダンスホールは風紀上の問題で警視庁の許可がどうしても降りない。放置しておくわけにはいかないと、改装して定員五百十人の小劇場ができあがる。ただ当初の申請した建築許可条件と異なり演劇公演となるだけに、一か月に十日間だけの営業しか許されない。九月二十一日に東宝小劇場として開場し、長唄、琵琶、新内、講談、落語、小唄、浮世節などを催し、いずれも一円の入場料とする。大劇場で月末の五日間の有効利用という案の、いわば別形態となったとはいえ、月に十日間営業の劇場だけに経費がかさみ、赤字続きに悩まされたという。松竹演芸の影響もあり、当初は小劇場での東宝名人会への参加を躊躇《ちゅうちょ》する芸人も多かった。東宝小劇場の舞台出演にはためらいがあったという割には、落語家を示すと、第一回には三遊亭金馬、柳家小さん、第二回の十月十九日からは三遊亭円生、第三回には春風亭柳枝が登場するなど、その後の落語界を支えた人々の姿が数多く見える。劇場側の意欲も人々に伝わったのか、毎回五百人の客が押し寄せる満席の盛況だった。

昭和十三年九月からは常設館として認可され、十日替りの興行となるとともに、昭和十六年六月には東宝演芸株式会社が設立され、東宝の演芸はすべて統括することになった。昭和十七年四月一日から夜の部は東宝名人会、昼は東宝笑和会と称した。小林一三が十六歳で上京し、芝居に耽溺《たんでき》するともに、初めて知った寄席の魅力にもとりつかれた。その懐旧が東宝小ホールと結びついたのだが、もう一つは東京での古典芸能常設館の衰退を救いたいとの思いもあった。古典芸能の維持という背景のもとに、昭和十七年四月からは須田町の立花亭、翌十八年三月からは牛込神楽坂の神楽坂演舞場も東宝経営の傘下に収める。

五階の東宝小ホール前には、エレベータは二台しかなく、帰りの客で混雑もした。そこで小林一三は、「お若い方は、この階段をお降りの方が、お早うございます」といった張り紙をしたという。客の誘導一つにまで気を配っていた、小林の劇場にかける情熱のほどを知る思いがする。

円城寺清臣《えんじようじきよおみ》「初春の東宝小劇場」（「東宝」昭和十四年一月）によると、「小劇場の東宝名人会も連日札止めの盛況」とし、桂文楽、浪曲の木村太郎、柳家三鶴亀の都々逸《どどいつ》、秋山左楽《さらく》・右楽《うらく》の万歳、花柳徳喜三の舞踊、さらには新内、講談と続き、三遊亭金馬の落語、西村楽天の戦争漫談とあって打ち出しの太鼓となる。

平生はせか〳〵した繁忙の日を送る者にとつて、手軽く一夜を楽しめる東宝小劇場名人会の存在は、ビル街に近い丈け大いに意義があるやうに思へる。

と感想を述べるが、昭和十八年正月の二百回目の名人会は、予定されながらも、軍の劇場接収によって中止となってしまった。その後は、ここに記すまでもなく、戦争という非常事態の社会によって、演劇界には長く暗い時代が続くことになる。東宝小ホールの存在により、日本の新旧の諸芸能が人々に披露され、舞台で演じられ続けたことは、演劇史の世界においても大きな意義があった。

東宝劇団の発足

東京宝塚劇場を運営するにあたって、宝塚少女歌劇は年に六回の舞台の責めを果たすにしても、残りの月日はどうするのか、映画上映館への利用、劇団を招いての公演、バラエティーの寄席等、小林一三はさまざまな案を吐露しながら、これを踏まえてより具体的にするよう秦豊吉に命じていた。とりわけ日比谷映画劇場に続き有楽座も構想されてくると、東京宝塚劇場は宝塚少女歌劇だけで一年間維持し、よそから演劇人を借りなくて済むようにしなければならない。それが可能となるのは、宝塚少女歌劇団が独立してきたように、東宝に所属する俳優を育成して劇団を創成し、劇場での公演をさせることであった。

東京宝塚劇場の開幕にあわせ、その年の一月から東宝専属劇団員の募集をしたところ、千三百人の応募があり、男子十九名、女子九名の採用となった。新人もいるが、多くはすでに演劇人として活躍しており、中には誘いかけた俳優もいた。松竹や日活で出演していた谷幹一《かんいち》、舞台俳優の森野鍛冶屋《もりのかじや》、慶応大学出身の加藤嘉《よし》、宝塚国民座で出演していた舟木俊之、神田三朗《さぶろう》、映画女優の伏見信子、宝塚少女歌劇出身で映画にも出演していた沢蘭子《さわらんこ》などと多彩である。新国劇や劇団に所属していた舞台人、東京音楽学校の出身者、舞踊家等と、東京宝塚劇場では三月の舞台を予定しているだけに、ともかく急いで人数を集める必要があった。

東京宝塚劇場は宝塚少女歌劇の公演を中心に運営するといっても、まだ一年間通して舞台で演じた実績がなく、当面は試行錯誤しながら進めるしかない。一月は宝塚少女歌劇、二月は演劇、三月、四月は宝塚少女歌劇といったあたりまでは予定されていたが、それ以後の月はまだ確定していなかった。少なくとも宝塚少女歌劇で六か月の公演をとの計画は、うれしい誤算となり、初年度は九か月も続けることができた。これによって東宝は、東京での演劇の興行に自信を持って進めたようだ。

小林一三が松竹に水谷八重子と市川猿之助を東宝の舞台に借りたいとの申し出は、昭和八年の後半にはなされていた。松竹は仕方がないとの思いによるのか、翌年の二月と六月に東宝の舞台への出演を了承する。松竹は歌舞伎から新劇、映画を含めて数多くの俳優をかかえているため、ほかの興行会社にも出演させていた。松竹は所属するすべてを映画や舞台に出演させるわけにもいかなく、むしろ時間のある限り契約料を取って俳優を貸し出す方が利益になる。「俳優貸与の紳士協定」があったようだが、具体的な内容は明らかでない。あくまでも松竹の都合によるとか、松竹の舞台を優先するといった条文だったのだろう。大半の俳優をかかえる松竹にとっては、他から借りる必要もなく、人気のある役者になると、当然のことながら先に自分の舞台に立たせる。名のある俳優になると、当面必要のない端役と抱き合わせで貸し与えもしていた。仕事のない端役になると、ありがたい臨時収入の機会ともなる。

問題は入場料で、人気の水谷八重子が出演するとなると、東京宝塚劇場では二円の低料金、松竹の劇場では一等であっても三円五十銭以下ではむつかしい。料金になると松竹は勝ち目がなく、水谷八重子の出演というだけで、どうしても東京宝塚劇場に人々は足を運んでしまう。松竹は水谷八重子を舞台に出す予定がないため、東宝の申し入れを受けることになったが、通常よりも高額の貸し出し料を請求する。これがたちまち新聞ネタとなり、「紳士協定」なるものを、松竹は今後いつまで実行するのか、危なっかしいものだと話題にもなる。

東宝劇団にはまだ世間に知られた俳優がいないため、どうしても松竹を頼らざるを得ない。役者本人が東宝の誘いを承知したとしても、松竹との契約もあり、勝手な行動はできない。俳優の意思で舞台に立てないとなると、所属から離れて独立するか、別の興行会社に移籍するかしかなく、このころから舞台人の流動化が起ってくる。

小林一三の申し出を受け、むざむざ東宝から名指しの俳優を貸し出すというのでは、今後の興行界の覇権争いも考えると、松竹としてはすんなりと承服しかねたのであろうか。東宝へ了承しておきながら、直前の二月になって、水谷八重子と市川猿之助は、松竹の舞台に出すことにしたと断りを入れる。二月一日を初日とした、「大衆待望に副《そ》ふ松竹の一大躍進、内容は最も充実・観劇料は最も低廉」とした東京劇場での芝居である。里見弴作「仇討心中噺」に水谷八重子と猿之助を起用し、岸田国士《くにお》作「頼母しき求縁」にも八重子、「燕」には猿之助、片岡我童、八重子、ほかにも坂東蓑助《みのすけ》、中村時《とき》蔵《ぞう》等と松竹所属の俳優総出演といった豪華さで、しかも一等三円という破格な料金設定をする。二月の歌舞伎座も、右左衛門、左団次、芝翫《しかん》、時蔵、高麗蔵《こまぞう》、幸四郎、染五郎を揃えての、新春公演に続いての豪華キャストであった。

芝居通であれば、松竹のやり方はすぐに見抜いたようで、世間では〈興行界の乱戦〉と騒ぎ、直前になって松竹が自社の舞台に水谷八重子を立てるのは、東宝への戦略を突きつけたと噂する。東宝は新築の劇場を運営していくには、今のところ松竹の意向に背くこともできず、二月に予定していた舞台公演はあきらめざるを得ない。一年を乗り越えさえすれば、次の年からは宝塚少女歌劇と自前の劇団で東京宝塚劇場の舞台を埋めたいと願うしかない。発足したばかりの東宝劇団ながら、ともかく早く育てて舞台に立てる必要がある。開場した東京宝塚劇場の一月は宝塚少女歌劇の「花詩集」の上演、二月には松竹の俳優を借りて東宝劇団との合同とし、三月には宝塚少女歌劇の公演というあたりまでは計画していた。それが間際になって、水谷八重子は二月に松竹の舞台が予定されているため貸せないというのである。十二月には歌舞伎座で、一月には浅草松竹座で「新名物」としての松竹少女歌劇団のはなばなしい宣伝をし、あからさまに東宝を意識しての仕掛けをする。

幸いなことに、宝塚少女歌劇は好評で、一月を終え、二月も連続公演をする運びとなり、一か月ずれたとはいえ、三月から水谷八重子を東宝の舞台に借用することになった。それが三月三日から二十五日までの、初舞台の東宝劇団と芸術座水谷八重子による「男装の麗人」であった。主人公の川島芳子は中国清朝の皇族愛新覚羅顕玗《あいしんかくらけんし》、日本に渡り川島浪速《なにわ》の養女となり、かなり伝説的だが、日本軍の工作員として活動していたという。満州の建国が昭和七年三月、日本人には内実の知らない大陸の軍部の話が展開する。村松梢風《しょうふう》『男装の麗人』（「婦人公論」昭和七年連載）が原作で、溝口健二監督、入江たか子主演の映画も製作され、東宝での舞台ともなる。新聞の広告写真には水谷八重子と川島芳子が談笑する姿、『『男装の麗人』を何故東宝劇場が上演するか?』の見出しにより、芸術座再興十周年記念公演とし、「満州のジャン・ダアークとして有名な川島芳子の波瀾多い生活をモデルにした村松梢風氏の小説を土台としたお芝居です。水谷八重子の扮する男装の麗人が舞台で活躍します」と紹介する。第一次芸術座は大正二年に島村抱月・松井須磨子の発足、第二次は大正十三年に水谷八重子義兄の水谷紫竹によって結成された。

舞台は諜報活動の裏話ではなく、「白樺の林、美しい黒姫山、月の蒙古王宮、動乱の上海、熱河討伐の戦線など、悲壮なる血と涙を織込んだ奮闘の歴史が、絵巻物の如く五幕九場の大舞台に展開されるのである」と、エキゾチックな内容を宣伝する。さらに大文字で、「大衆芸術の殿堂たる東宝劇場は、之を上演する義務と其責任とを痛感すると同時に、低廉なる入場料、僅かに」と強調し、一、二階席二円、以下三階席の五十銭の金額を示す。これまでと同じく当日券と前売りを半々にし、いつでもよい座席で見ることができる「お客様本位」の劇場だともする。

東京宝塚劇場で終演すると大阪に移動し、三月三十一日から四月二十二日まで宝塚中劇場での「男装の麗人」へ、そこでは「本物のラクダに乗る男装の八重子」とするので、東京とはまた異なった演出がなされていた。宝塚大劇場における宝塚少女歌劇はいつもの三十銭、水谷八重子の座席券は二円と一円となっていた。

東京宝塚劇場の三月公演では、東宝文芸部作・島村龍三演出の「さくら音頭」十三景も催され、「東宝専属男女優総出演、ビクター芸術家特別出演、東宝ヴアラエテイ」とある。「徳川夢声・大辻司郎出演、中山晋平作曲・佐伯孝夫作詞」と記し、

街にあふるるビクターの「さくら音頭」を皆様御存知でせう。これはそのスペクタクル化です。寸劇あり、笑あり、ユーモアあり、踊あり、歌あり、音楽あり、東宝ヴアラエテイーは、きつと皆様に御満足を与へるでせう。

と、その後の東宝の得意とするバラエティーの舞台を披露する。

出演した徳川夢声は、「さくら日記」（『東宝』昭和九年四月）として、日曜の一日二回公演の日のようだが、自分の姿を軽妙に書き残す。雑誌の依頼原稿で徹夜をし、七時頃か新聞配達、取りに行って読みたいところだが、寒いのでそのまま万年筆を走らせる。ラジオ体操、雨戸を開ける音、女学校へ行く娘と朝食をし、風呂に入って新聞を読み、二時間ほど布団にもぐり込む。十時半にマネージャーが迎えに来て出かけ、十一時には楽屋入り、正午に開幕となる。チンドン屋のような真っ赤なジンタ服に小太鼓を前に下げ、眉を塗り、ちょび髭を付け、さくら音頭を踊りながら花道から出る。

午後一時から五時半までは暇な時間、日比谷公園でも散歩しようかと思ったが、こんな格好をしていてはと思い直し、本を二冊買い、昼を食べ、日比谷映画劇場に入り、見た風景と思っているといきなり「終り」のタイトルとなる。夜の部は六時から、七時に終わって帰宅したのは八時ころ、病気の妻は昨日から床を離れるようになり、うれしく思いながら派出婦の作った牛鍋で夕食をし、風呂に入って寝床に、まだ劇場では「男装の麗人」をしているだろうと思う。娘は宿題の裁縫をしながら歌っているのは、なんと「さくら音頭」ではないか。自分は読みかけの本を置き、眼をつむり、思わず苦笑した、といった内容である。

徳川夢声はマルチタレントのはしりとされ、漫談家、弁士、作家、俳優など多彩な仕事ぶりであった。夢声四十一歳、この年に三人の娘を残して妻が先立つが、再婚して一人息子を儲け、昭和四十四年に七十七歳で亡くなる。

「さくら音頭」は、昭和九年二月にビクター（中山晋平曲）が、三月にテイチク（片岡志行曲）、四月にコロンビア（佐々紅華曲）、五月にポリドール（山田栄一曲）の各レコード会社から出された流行歌で、またたく間に人々に口ずさまれて大人気となる。ＰＣＬ、日活、松竹など五社が次々と映画の製作もするほどで、その人気にあやかっての東宝劇場での舞台化だった。松竹の東京劇場では、本番の前に「序曲」として長唄囃子による「宵節句さくら音頭」（杵屋栄蔵作曲）が演奏される。ＰＣＬと宝塚との合同映画が三月八日から大勝館・武蔵野館で封切られ、八日には日比谷公会堂で松竹の「さくら音頭大会」、三月十五日から二十日までは日比谷映画劇場でＰＣＬの映画上映、二十四日からは東京劇場で松竹少女歌劇団と「さくら音頭」、四月十四日から邦楽座で松竹製作の映画、ほかにレコードの発売などと、世の中は一時的に熱に浮かされたような騒動であった。

日比谷映画劇場と有楽座の開幕

東京宝塚劇場開場の一か月後に日比谷映画劇場ができあがると、小林一三はかねて気にしていた三井の空地も手に入れ、昭和九年十一月末に工事を着工し、半年後の翌年五月末には有楽座が竣工する。松竹の路線とは一線を画し、日比谷を中心とする丸の内全体をアミューズメントセンターにする構想を明確にしていく。東宝劇場は宝塚少女歌劇の公演で一年間続け、映画は日比谷映画劇場に、バラエティーを含む演劇は有楽座で催すという計画である。問題は俳優を松竹から借りなければならないことで、秦豊吉の叔父が松本幸四郎だっただけに、東宝劇場への出演を求めたところ、「東京朝日新聞」の記事によると、松竹としては絶対に貸せない俳優がいると、断固として反対してきたという。その結果が、一か月遅れて水谷八重子の東宝への貸し出しになったのであろうか。ただこのころから、俳優の激しい争奪戦が、各社で繰り広げられてくる。

歌舞伎界でも若手が改革を求め、旧来のしがらみから脱して新しい演劇を樹立しようと独立する者も出てくる。とりわけ巨星の松竹と新興の東宝は営業方針の対立だけではなく、俳優をめぐっても争いがあり、新聞の話題として取り上げられる。松竹の昭和六年の役員名に、根津嘉一郎・小林一三等

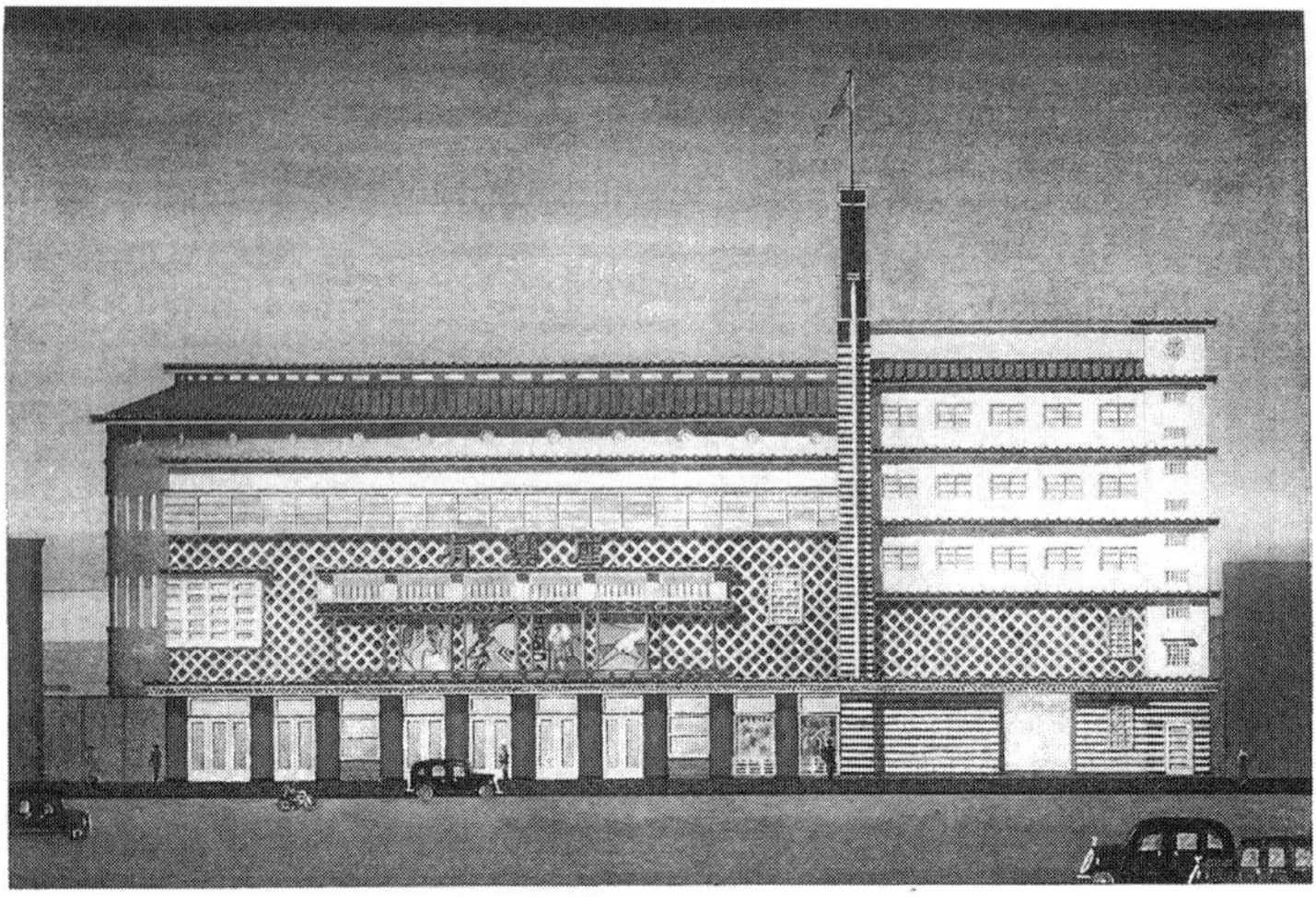

今秋日比谷映画劇場の隣に竣功する有楽座

有楽座「東宝」口絵、昭和9年3月

は相談役として掲載されていながら、その後小林の名が消えるのは、両社の行き違いもあったのであろう。

有楽座は正面からは四階、裏は六階建て、江戸文化をしのばせ、一部はナマコ壁による白黒のタイルを貼り、耐火建築の土蔵造りであった。内部は日比谷映画劇場と同じく円形で、一階千百人、二階は五百人の固定椅子、補助椅子は百五十人分が用意される。二階にギャラリー、喫煙室、喫茶室、食堂は二か所、売店などがあり、床は清潔を保つため絨毯ではなくすべてモザイク模様のタイル貼りであった。この劇場を拠点に、宝塚国民座では挫折した新しい国民劇の創成が、小林一三の意図するところであった。

小林一三の果敢な挑戦に、劇作家としても知られる長田秀雄が、有楽座について次のような論評を寄せる（「東宝」昭和十年六月）。

今、わが国の演劇は、松竹の独占事業となってゐるのである。その松竹の演劇は旧来の伝統を固守する歌舞伎劇及び新派劇である。松竹は、その傘下に殆ど、全部の俳優を網羅して、各々俳優の技量にしたがひ過去の伝統の範囲において、月々各種の演劇を興行しつつあるのである。

東京宝塚劇場、日比谷映画劇場、東宝小ホールに続いての有楽座の開場となるだけに、東宝としては人気のある俳優を呼び、話題性に富むはなやかな催しにしたいと計画する。すでに指摘したように、日比谷映画劇場の立ち上げの当初は、松竹と新会社を設立し、共同の映画館経営を考えていた。東宝の申し出に松竹が応じなかったとも、逆に松竹側から幾度も提案しながら、合意にいたらなかったともされる。

俳優の貸与を含む苦い経験があるだけに、松竹との相談の前に、有楽座での演劇公演について、東宝は前進座と密かに交渉を進めようとした。ところがその話が新橋演舞場の社長川村徳太郎（元新橋芸妓組合頭取）の耳に入り、前進座の育ての親でもあるだけに、勝手なことをすると怒りを買い、相談するどころではなく玄関払いとなってしまう。前進座の河原崎長十郎《かわらさきちょうじゅうろう》や中村翫右衛門を招いて宝塚大劇場で公演もしており、古くから小林とは繋がりがあった。

前進座との話は出鼻をくじかれたため、小林は市川猿之助、市川寿三郎、それに宝塚の舞台には幾度も立ち、「男装の麗人」でもなじみの水谷八重子に出演依頼をする。猿之助や八重子は同意したもののの、松竹が提示した契約金は法外な金額であった。有楽座の開幕は六月一日と迫っており、松竹はそれを知りながら歌舞伎座の五月興行に芸術座を出し、交渉中だった寿三郎も共演となり、東京劇場には猿之助を加えるなど、明らかな妨害行為に出る。前年の東京宝塚劇場でも、日程が近づいたところで東京劇場に水谷八重子を出演させたのと同じやり方である。

歌舞伎座では五月二日から「男女優合同興行」として「西鶴五人女」「新椿姫」等の演目を出すが、そこに水谷八重子も寿三郎も出演する。さらに東京劇場では「大好評日延べの四月興行に引続き、同じ一座が新作名狂言を提げて、東劇に五月興行開演」として、一か月連続の岡本綺堂作「幡随院長《ばんずいいんちょう》兵衛《べえ》」「増補信長記《ぞうほしんちょうき》」を五月三日から開幕する。ここには猿之助も出演するため、とても東宝の求める俳優は貸し出せるはずがない。しかも入場料は東宝を意識してか初日は三割引き、歌舞伎座は三円八十銭が二円六十銭に、東京劇場では一等三円五十銭という設定である。「幡随院長兵衛」は人気があったのか、六月二日からも「続編」として、猿之助など春秋座の俳優が舞台に出る。

有楽座の開幕にと頼みにしていた俳優がすべて出演できないとなると、東宝劇団だけで公演するしかない。だが現在の陣容では名の売れた役者はいなく、客を集めることなどとてもできない。東宝劇団の充実をはかるため、急遽新人はいうまでもなく、ベテランも含めて俳優の募集をすることにした。松竹の俳優は意図して引き抜かないものの、東宝入りを望めば拒みはしないという方針を立てる。それまで交渉してきた寿三郎、水谷八重子、猿之助には、正式に有楽座への出演依頼を断る。

大阪歌舞伎座で、五代目菊五郎追善公演に出演中の坂東三津五郎から、息子（養子）の蓑助が東宝の舞台に立ちたいと願い出ていると、五月十五日に松竹に情報が入ってきた。かねて蓑助は新しい歌舞伎劇の提唱をし、移籍の噂がありはしたが、父親からの正式な連絡を聞き、松竹本社は強い衝撃を受ける。ほかにも二三人の俳優が、松竹を脱退するとの話もあり、すぐさま流出を食い止める方策にかかる。東宝は松竹の俳優を引き抜こうとしていると、熾烈《しれつ》な対抗意識をあらわにもする。

蓑助から東宝劇団入りの意向を聞いた三津五郎は、松竹から芸名を取り上げられるだけではなく、二度と舞台には立てなくなると強く反対する。それでも蓑助の決意は固く、松竹を離れてしまう。六代目坂東蓑助（旧八十助《やそすけ》）は三十歳の新進気鋭、新宿第一劇場の青年歌舞伎に出演中で、将来の歌舞伎界のホープともされていた。

かつて昭和八年十一月に新宿歌舞伎座で『源氏物語』の上演を企画し、研究者の藤村作《つくる》博士、池田亀鑑《きかん》諸氏の監修、番匠谷英一《ばんしょうやえいいち》脚色、舞台意匠は松岡英丘《えいきゅう》、安田靫彦《ゆきひこ》といった豪華メンバーを揃え、稽古も怠りなく準備を進めていた。脚本は申請して検閲中だったが、直前の四日前になって警視庁保安部からの上演禁止命令が下される。入場券は完売し、衣装から舞台装置もすべて整えていただけに、蓑助は奔走し、脚本の書き直し、当局との折衝を試みたものの、舞台化は許されなかった。虚構の作品であっても、宮中の恋愛事件の舞台化は、不敬罪に当るとの判断である。『源氏物語』が舞台や映画になるのは、第二次世界大戦後までなされなかっただけに、成功していれば斬新な蓑助の企画力と行動力として、文化史にもその名は刻まれていたであろう。

松竹に属していては、自分の芸を磨くことができないため、新しい環境で芝居に精進したいというのが蓑助の言い分である。松竹は蓑助の遺留に努め、ほかにも数名の移動する気配に警戒を強める。一方の東宝側は、六月からの有楽座出演は蓑助の意思によって決定しており、とくに引き抜きをしたわけではないと反論する。「松竹を脱退し、蓑助が東宝入り」と新聞で大きく報じられ、真相は不明ながら、松竹と東宝の対立は表立って先鋭化していき、それがまたニュース面を飾ることになる。

五月三十日に小林一三が上京し、東宝の吉岡重三郎専務以下の幹部と緊急会議を開き、松竹から俳優を借りることもなく、今後は自力で東宝の演劇を進めていく決議をしたようだが、これが当時の新聞では絶縁状を突きつけたとか、両者の決別などと報じられる。松竹との紛議という経緯もあり、有楽座の開場は予定よりも少しずれて六月七日となり、坂東蓑助や、京都の日活映画からJOスタジオ（PCLとともに東宝映画の前身、二〇六ページ参照）の専属になっていた夏川静江の加入もあり、「祝儀《しゅうぎ》三番叟《さんばんそう》」「盲目の兄とその妹」等の演目も決まる。

白井鐵造作、岸田辰彌演出のライトオペラ（軽歌劇）「シューベルトの恋」も演じられ、これには本格的な歌手も登場する新しい内容で、東宝としては試験的なものだとするが、劇団としては世間の注目を浴びる。西洋の音楽が日本にもたらされて半世紀、初めてのオペラが日本で長期公演されるにいたったという評価であった。藤原義江《よしえ》、渡辺はま子も登壇する舞台で、東宝は松竹からの俳優出演を断られて窮した結果が、むしろ新しい可能性を日本演劇界に広げたという次第になった。しかも、入場料金は一円から三円という、松竹にとってはうらやむべき金額である。

有楽座の開場にともない、東宝からの俳優の出演依頼に松竹が誠意を示さなかった事件は、興行会社との契約や待遇問題にまで発展し、社会的な関心を呼び、演劇界に新しい動きも見せてくる。松竹にとっても理由があり、東宝が目当てとする俳優を好きな時に借用するというのでは、専属の意味が

有楽座開場　昭和10年６月７日

なくなってしまう。歌舞伎座と東京劇場での公演を計画し、役者の配分をしているところに、東宝から急に引き抜かれたのでは、舞台に穴が空いてしまうため、どうしても契約金は高額になってしまう。松竹の妨害行為と非難するが、それは一方的な東宝のひがんだ見解だと反論する。演劇界に君臨してきた大松竹と、新しく進出しようとする東宝という構図で、世の中は興味深い話題として盛り上がる。

　毎年五月に芸術座は九州へ巡業をするはずながら、今年は主宰者の水谷紫竹が病気になりとりやめてしまった事情で、歌舞伎座への出演となったにすぎない。春秋座の猿之助にいたっては、東宝の舞台ではどうしても自分が主役になり、専属の俳優たちが脇役になってしまうため、むしろ嫌がられる始末で、誘われても気が進まないと話をしているという。寿三郎の出演も松竹は反対したことはなく、東宝側からの話は積極的でなく、交渉をしかけたまま中断してしまったのだと、裏事情の説明をする。

どちらの主張が正当なのか、両者にはそれぞれの理由があり、判断のしようがない。演劇の世界で長く主導して生きてきた松竹と、合理的な新感覚の小林一三との、本質的な経営方針の違いではあろう。今日の視点からすれば、有楽座をめぐっての騒動は、演劇界全体が松竹への依存体質から、俳優を含めて自立する動きとなり、東宝の存在を逆に高めていったといえる。

もうひとつ小林一三の演劇界の改革としては、東宝劇団でなされていた専属俳優の月給制度で、人によって多寡はあるにしても、すべての者は生活保障がなされる。新作の脚本を募集して人々の関心を引き、観客を飽きさせない舞台作り、家族で楽しめる演劇をめざすなど、国民劇へ向かって歩み続けてもいた。

花柳界との対立

有楽座の出立に苦労した東宝は、松竹と異なる新しい演劇の創設へと、気負い立つ思いでもあった。幸い世の中の評判もよく、入場者の成績も悪くはない。有楽座の各紙への新聞広告に、次のような長い意見を開陳するのも、小林の意向を受けてのことであろう。

今！唯今！　歴史的事件が起りかけてゐます。記憶して下さい。今、昭和十年六月には我演劇史上忘るべからざる画期的事件が起りつゝあります。

一は新鋭有楽座の完成です。あなた方の劇場が出来上つたのです。此処《ここ》から、あなた方の要求に、ぴつたり合致した、将来国民の誇りとなるべきお芝居が、即ち国民劇が生れ、成長して行くのです。

冒険的試みとも見られる、我国最初のオペラ長期興行「シューベルトの恋」も国民劇の一つの試みです。初めてオペラは我国大衆の前に解放されました。我等のテナー藤原義江が、皆様の前で、懸命の努力を続けつゝあるのも、実《まこと》に故ある事でございます。

この銘記すべき事件に参加した東宝劇団が、死者狂《しにものぐる》ひの熱のまゝに、実力以上の力を発揮しつゝあるのも、亦故ある事でございます。

皆様、この事は必ず我文化史の大きな一頁を飾るべき輝かしき事件です。ずつと後になつて、我演劇発展のあとを振返る時「自分もあの時の見物人の一人だつた」といふ、誇りをお持ちになりたくはございませんか。あなたは今、歴史的事件に参加する機会の前に立つてゐられます。それをお逃《のが》しになつては不可《いけ》ません。

いささか高揚した口ぶりで、有楽座の公演を「歴史的事件」とまで表現し、その生き証人になることを勧める。文章を綴って有楽座の高尚な存在を説くのも、日比谷という土地だからであり、小林が低俗と非難する浅草では逆に反発を受けかねない。有楽座を基盤として、これまでにない国民劇が生まれ育つことを、希求して止まない興奮した心の発露といってもよいであろう。

小林一三は『未来の劇団』（昭和十年六月）のタイトルのもとに、東宝劇場のチェーン、東宝劇団の方針、有楽座新築の意義になどについて書き、パンフレットにして入場者に配布した。そこでは理想の演劇興行とは何かという問題を提起し、「大阪毎日新聞」に掲載されていたという、扇雀、延若、右団次等が出席し、鴈治郎をしのぶ座談会が催された折の、秋守常太郎《あきもりつねたろう》の発言を引用する。第一に俳優は後援会本位になっては芸が疎《おろそ》かになる、第二に「俳優は花柳界に知己を求めるなといいたい。低級な花柳界を対象とすることは、芸の低下を意味して、演劇を一般大衆に開放するために非常な障害となる」、第三は門閥の打破、第四は観覧料を安くすることと例示し、東宝劇団はこれらを実行すると説く。秋守は座談会を主催した清交社（大阪の社交クラブ）の経営担当らしく、歌舞伎界のあり方について述べたくだりを、小林一三は敷衍して自説に取り込んで展開したようだ。

当日の新聞の記事には、

皆さんはしきりに御後援とかお引立とかを願つてゐられるが、それはこの場の挨拶だけと受取りたい。得意閥や家柄を頼む門閥などをたよらず、また遊郭に近づかず、一般大衆を目標に、真の実力を磨き、面白く安い芝居を見せてくれゝば、歌舞伎の興隆も近きにある。

とだけで、内容としては重なるものの、小林一三の示すような四点に絞って詳細に語ったわけではない。この見解をめぐって、たちどころに大きな反響が巻き起こる。

歌舞伎や芸人と花柳界との交流は深く、芸妓たちが大勢見物に訪れ、祝儀もはずむのが常識の世界だけに、俳優たちもとまどってしまう。小林にとって演劇は高尚にして優美、「大衆芸術」「家庭共楽」が基本であり、東宝の社員にも日ごろから、

家族より家庭に、更に、家庭より公共に、而して大衆に、全国民に一つ一つ其旗幟《きしょく》は簡単にして鮮明である。朗らかに、清く、正しく、美しく、これをモットーとする我党の芸術は即ち高尚なる娯楽本位に基くところの国民劇である。

と口にしているだけに、特異な言説をしたわけではない。なお東宝の標語は「朗らかに、清く、正しく、美しく」であり、宝塚歌劇は「清く、正しく、美しく」を標語として掲げるのは周知のところである。

パンフレットに書いた小林一三のことばに、東京料理組合・東京待合組合・全国芸妓屋同盟の三者は猛反発し、連盟で「決議文」を突きつける。

今回、東京宝塚劇場主小林一三君が、花柳界を低級と侮辱し、劇界興隆の障害なりと発表せるは、無体も甚だしきものと認む。依而《よって》吾々花柳界は小林一三君の関係する一切の芝居、映画、演芸を観覧せざるは勿論、東宝系に関係ある諸芸人と交渉を断つ。右決議す。

昭和十年六月十八日

三者連合は、「花柳界は低級」との言及にいきりたち、今後は東宝系の演劇とはかかわりを持たないと抗議をする。東宝劇団の男女優から、囃し方、東宝小ホールに出演する芸人を含めて一人一人の

名前を列記し、今後は一切の関係を絶ち、東宝系の劇場に通わないし、お座敷にも呼ばないと表明する。ここまで強硬な態度に出るのは、有楽座の開幕にあたって、前進座の出演を打診して激怒したという、新橋芸妓組合頭取をしていた川村徳太郎の意向もあるのかと想像したいところだが、経緯はわからない。

小林一三は有楽座の入場者に配った冊子の内容は、すでに「東宝」四月号の「劇談うらおもて」にも書いており、とくに新しい考えを持ち出したわけではない。そこでも「現在松竹が実行しつゝある興行法と俳優操縦法との欠点を避け」て、有楽座では国民の要求する理想の演劇をしたいのだと述べる。さらに鴈治郎をしのぶ会での秋守常太郎の「俳優への忌憚なき直言」を聞き、参加していた俳優たちは一同緊張したとし、その内容を四点にまとめて示す。

小林は「別段新しい説ではないが」とし、俳優の門閥を打破し、将来のある無名の新人を集め、旧習である顧客本位を捨て、「国民大衆に開放する為めには、常に障害となつてゐる低級な花柳界に」頼らず、観劇料を安くして一般に開放することが、これからの東宝劇団の方法とも軌を一にすると主張する。松竹との俳優交渉で、これまで苦汁を飲まされてきた小林にとって、現状を憂え、演劇界の将来のあるべき姿を描いたにすぎない。花柳界への直接的な批判ではなく、演劇界が一部の特権階級の占有物になり、客商売に堕した俳優への戒めであり、むしろ旧習に泥《なず》む松竹への批判でもあった。

有楽座が開幕する一か月前になって、突如松竹から水谷八重子や猿之助は他の劇場に出演させる予定になっているので貸せないと断ってきた。本人は東宝への出演を承諾したというのだが、松竹に所属し、舞台出演も決められると動きようがない。俳優の意思と所属の拘束は流動的になっていた時代だけに、両者の言い分には食い違いが生じてしまう。

小林は、

現在の如く松竹丸抱への俳優のみによつて統制せられてゐる日本劇団に在つては、如何に立派な劇場が新築されても、既成俳優を中心にする芝居は、松竹の諒解を得るにあらざれば、兎角興行は不如意勝《がち》である結果として、今日迄いづれの劇場も松竹の勢力に圧倒されて、多くは其傘下に降参する運命に立至つて居るのは、如何にも不甲斐なき話として一笑に付して来た次第である。

と、憂慮すべき現状に不満を述べ、そこから脱却しなければ日本の演劇界は不毛のままになりかねないと論じる。巨大な松竹の存在を前に、演劇界は黙してひれ伏すしかなかったが、小林一三は新しい国民劇創成のためには、旧弊から抜け出る必要があり、果敢にも松竹に反旗を翻したのである。

小林発言は、東宝と花柳界との喧嘩だけではなく、その間に行き来する俳優にとっても死活問題になってしまい、解決の糸口もつかめない。そのような中、小林は九月十二日に初の欧米視察に出かけて日本を離れ、帰朝したのは翌年の四月十七日であった。アメリカ、ヨーロッパ各国、ソビエトの演劇、舞台、映画の実情も貪欲に吸収するという、小林にとってはその後の劇場経営に実りの成果をもたらす外遊だった。花柳界は小林が留守になるのを知ると、攻撃の手を振り上げながら、さすがに拍子抜けになってしまい、怒りのやり場もないまま、手を下すわけにもいかない。

泥沼化した争いは警視庁保安部長の調停によって、両成敗とばかり手打ちとなり、東宝は詫びを入れ、花柳界は小林の真意を誤解していたと、あっけなく幕切れとなってしまう。両者の和解合意は九月十一日、翌日小林はアメリカに向けて出立するだけに、片づけておきたい思いと、花柳界としても激怒したところで不況だけに得策もなく、早く収めたいと気は急《せ》いていたのであろう。演劇と花柳界を取り仕切る警視庁が乗り出すのは都合がよかったし、小林一三も個人的な外遊という意義だけではなく、当時の日記によると領事館を訪れ、日本の企業関係者や政府の高官、全権特使との会合、ソビエトではドニエプル発電所、特殊工業地区を見学するなど、公的な任務も帯びていた。そのような背景もあり、警視庁の斡旋という舞台裏の流れになったのではないかと思う。

一二　演劇世界の拡大

東宝の浅草計画

小林一三が浅間丸《あさままる》に乗り込み横浜港を出港したのは昭和十年九月十二日の夕刻、サンフランシスコからニューヨーク、ヨーロッパに渡り、イギリス、ドイツを経てモスクワに着いたのは十一月十五日、翌日には芸術座でトルストイの「復活」を観劇、七時半に開演し、終演は夜中の十二時だった。それでも多くのインテリたちが集まり、翌日は平気で出勤するという姿に驚く。芸術座は夏の三か月休演で、後は連日の開演、それでもチケットが取れないような盛況だと聞く。芸術性の高い演劇に、小林は「一年間休みなしでやれるならば、有楽座の方針を一変して、大衆性だとか、国民劇の創成だとか、そういふ理想は理想として、芸術本位の立派な芝居を遂行し得ない理屈はない」と、日本の演劇の現状を慨嘆する。自分とても、芸術本位の舞台が受け入れられるのであれば、大衆性を強調する今の有楽座の方針を一変してもよいのだともいう。花柳界との争いなど、舞台芸術の上からはささいな問題にしか過ぎなく、松竹の俳優をめぐるかたくなな姿も、小林にとっては日本の演劇界の質の低さと映ったことであろう。

有楽座をモスクワの芸術座のように、高尚な演劇の殿堂にしようと思えばできなくはないが、日比谷の地はそれを可能にするにしても、今のところ経営としては成り立たない。大衆の国民劇を標榜《ひょうぼう》してきた小林一三にとって、芸術か大衆かと迫られると、悩ましい問題になってしまう。森律子や古川ロッパなどが参加したある座談会の席で、丸の内界隈が今では最高の娯楽街となり、歌劇、演劇、映画が自由に見られるようになったとはいえ、目的をもって訪れる人が中心で、通りすがりの人はまず入場しないという発言がなされる。帝国劇場で演じた時などは、静か過ぎて張り合いがなく、浅草のように客席からの声もないだけに、寂しい思いがするとも語る。小林一三はかねて浅草の低級さを批判し、上品な演劇を日比谷の地に出現させるよう努めてきたが、大衆を追い求めると、究極にはどうしても浅草の雰囲気になってしまう。

小林一三にとっての浅草は、十六歳で上京して初めて訪れた演芸場、故郷を一人離れた寂しい心を慰めてくれ、いつまでも土間に座り込んで舞台に引き込まれていた。年をとっても「ジンタの音楽」を耳にすると、少年時代が思いだされ、涙が自然にこぼれてくるという。演劇の戦略上の浅草の品のなさを批判し、あえて日比谷を高尚な教養のある地としてアミューズメントセンターの構築に向かったとしても、小林の演劇の故郷は、浅草にあったのかもしれない。その浅草の土地の話が、思いがけなくも小林のもとにころがり込んだ。概要は、

東宝では遂に松竹が金城湯池と頼む浅草六区に、東洋一の四千人劇場を新築することになつた。

場所は浅草区新谷町一七、松竹座の前通りで、昭和座と江川劇場通りの突き当り、震災前は幸龍寺の寺跡。

と、新聞記事の掲載は昭和十年五月八日（「東京日日新聞」）のことである。「松竹の牙城に迫り、東宝の猛攻撃」という活字が躍り、読む者を驚かせる。幸龍寺は江戸期の『日本名所風俗図会』にも記される名刹、慶長の創建で、寺内には十院もあり、徳川家ともかかわりがあった。関東大震災で倒壊し、その跡地が新潟の鹿瀬鉱山や商船を所有していた横浜本牧の白田謙四郎に移り、やがて小林一三が手にするところとなった。東宝の顧問弁護士を通じて、劇場新築許可願いが申請されたのである。

場所は浅草六区という興行の中心街、松竹の拠点ともいうべき松竹座が活躍しており、昭和になって浅草に本格的に乗り出した吉本興業の昭和座も占めるという通りである。本場の大阪の笑いとは違い、東京ではモダンな笑いを提供した吉本興行は、この年の十一月に浅草花月も発足させるなど、大衆演芸激争の地としても知られる。そこに東宝が乗り込んでくることになった。

敷地は千四百二十坪、円形屋根の鉄筋三階建て、収容人数四千五十人、これまで東洋一と誇っていた日本劇場をはるかに上回る規模で、建築費を極端に切り詰め、「東京第一映画劇場」の名称だという。芝居も出来るようにと、舞台を広げる敷地二百坪の空地もすでに確保しており、認可が降り次第十か月で竣工する段取りであるという。小林一三の談話が、次のように引用される。

　別に松竹に対抗するわけぢやないが、これから浅草に劇場を建てるのなら、三千人以下ぢや駄目だよ。五十銭均一で駄目だつたら三十銭均一でもやる覚悟でなくちやね。僕は一つの劇場を経営するのに、借金の利子を払って利益配当が年一割と、チャンと計算が立たなくちゃ、次ぎの劇場の新築には決してかゝらぬ。

小林は松竹と対抗するわけではないと述べながらも、浅草への進出はその存在を意識していないはずはなく、三十銭の入場料でも経営が成り立つように計算していると述べる自信である。歌舞伎座の建設費が二百八十万円というのは別格にしても、東京宝塚劇場が二百五十万円、日比谷映画劇場は三十万円、計画している浅草は三十九万円だという。日比谷映画劇場は全席五十銭均一、浅草の劇場内の広さはその三倍の規模だけに、三十銭でも十分に採算は取れると断言する。

同じ紙面に、猿之助と水谷八重子の出演交渉は松竹と打ち切りにして諦め、有楽座にはテナー歌手の藤原義江のほかに、バリトンの澄川久、ソプラノの三上孝子、歌手として知られる渡辺はま子、俳優の杉村春子、古川ロッパ一座の能勢妙子が出演するとも記す。松竹とは関係を絶ち、名のある俳優を借りることもなく、東宝は独自の道を歩もうとする宣言でもあった。

小林一三が浅草の土地を担保の流れで購入したのは昭和九年なのであろう、日比谷の劇場街の整備をしながら、松竹に知られないように隠密裏に交渉を進め、すぐさま建物の規模、設計図も描いていた。翌年の五月に報道されるまで、松竹はまったく知らなく、寝耳に水の話に驚愕してしまう。東京府会議員でもあった大久保源之丞《げんのじょう》の回想によると（『百人が語る巨人像・大谷竹次郎』）、

「先生大変だ、東宝が浅草に三十銭の大劇場を建てるってんで、警視庁に申請をだしましたよ」。新門（辰五郎）の三代目は一気にこういった。当時浅草の演芸場は、ほとんど定員二百名前後の

もので、彼もその経営者の一人だったから、大劇場の進出は実際に死活問題だったのだ。もともと今の国際劇場が建っているところは、地元の鮫龍寺《(ママ)》の所有地だったのを、宇都宮回漕店が買い、そこにサーカスだとか、芸人だとかの、今のことばでいうレジャーランドを作ろうと計画していたが、うまくいかず困っているところに、東宝さんが眼につけて、それでは三十銭の大劇場を建てようと言うことになったらしい。調べてみると、確かに真鍋八千代弁護士の名前で警視庁に申請が出ている。私はすぐ大谷さんと相談し、直ちに東宝の浅草進出を阻止するための行動を開始した。

と記す。

所有者だったというのは横浜の宇都宮徳蔵回漕店のようで、同じ横浜の白田謙四郎との先後関係は不明ながら、土地は担保物件として、幾人かの手を経ていたようだ。東宝の資金で三十銭の大劇場ができるとなると大変なことで、確かに劇場の申請が出ているのを知った大久保源之丞は、松竹とも深い関係があったのか、すぐさま白井松次郎と阻止対策を練る。大久保源之丞は浅草興行組合長という顔役、大阪の吉本興行が昭和七年に昭和座を持てたのも彼の力によっており、いわば地元の大小の劇場を取り仕切る立場にあった。新興勢力の東宝の進出を許すわけにはいかなく、この点でも松竹と利害が一致するだけに、劇場建設も間近になった計画を、どのようにして穏便に撤退に向かわせるのか、浅草の劇場街を含め松竹とさまざまな具体策が検討されたはずである。結果的には、根津嘉一郎が乗り出すことになった。

小林一三は、浅草への劇場建設を断念するにいたった事情について、後年次のように回想する（「浅草の魅力」）。

此浅草に私は理想の大劇場を建設し、庶民大衆の支持を期待して宝塚の進出を計画して失敗したのである。それは、昭和十年か十一年か、現に活躍している国際劇場の前身である。私は丸の内に東京宝塚劇場を新築すると同時に、浅草に於ても宝塚の方針に基く新鮮味横溢の劇場経営を実行せんとして、着々と其計画を進めたのである。今や具体化せんとしたる時、突如として其計画の譲り渡しを強願されたのである。

同郷の先輩根津青山翁は私に対して言うのである。『僕は松竹に頼まれて困っている。僕は御承知の如く松竹の相談役であり顧問である。君が丸の内に進出することは慶賀の至りであるが、浅草へ来て松竹を脅かすことになると僕の立場がないから、僕の顔をたてて浅草の計画は松竹に譲ってほしい』と辞を低くして懇願されたので、とうとうお譲りすることにして、土地売買も、設計もそのまま松竹の手に渡した。過半数の株式は松竹が引き受け、東宝は三、四割の大株主として秦豊吉君が重役陣に顔をならべたが、浅草が本領であるべき丸木砂土《まるきさど》も元来は畑が違う、松竹とは太刀打ちが出来ないのも無理もない。大株主としての存在も無視され、吹飛ばされて、とうとう退却して東宝全敗の歴史が残るのみである。

白井松次郎としては、この段階で小林一三を動かせるのは、相談役でもある根津嘉一郎（青山）しかいないと、説得するよう懇願した。設計図までできあがった浅草の土地を、あまりにも強引な松竹

浅草国際劇場の広告「東京日日新聞」昭和12年6月22日

の態度に、小林が身を引く決断をしたのは、同郷で先輩というだけではなく、阪急電鉄の発足時に甲州財閥の支援を受け、東京電燈の大株主であり、また日比谷映画劇場の土地を譲り受けた経緯もあった。

　東宝の劇場建設に松竹が恐れただけではなく、浅草六区の興行組合も戦々恐々となり、防戦の対応をすべく、すぐさま協議を重ねる。大劇場が出現するとなると、浅草の劇場街への影響は大きく、その上料金設定を含めて小林一三式の運営方針がなされてくると、中には組合の規定から離れて独自の料金設定をするなど、組合員間の対立も生じかねない。組合長の大久保は意見をとりまとめ、警視庁の興行係長を訪れ、浅草での演劇活動には組合への加入が必須条件だと伝えてほしいと依頼する。警視庁としては、東宝へ組合の加入をするよう説得を試みると確約したようで、東宝から申請されている演劇の営業認可願いは、近く降りることになっていると聞かされる。これらの話からすると、組合で決められている営業時間、料金設定などとは無関係に、東宝は独自の劇場運営を実施すると主張していたようである。

浅草の松竹による国際劇場は昭和十二年七月三日に、「日本の誇り　世界三大劇場の一　五千人劇場」と自負し、松竹少女歌劇によって開幕する。「良い物を安く見せる大衆娯楽本位の御観劇料」と し、一円五十銭、一円、五十銭、毎日二回の公演だという。『松竹八十年の歩み』には、「マンモス劇場とて、浅草の国際劇場が開場し、松竹少女歌劇で披露公演」とするだけで、土地をめぐっての東宝との取り引きについては一切触れられない。小林一三はどのような思いで見ていたのか不明だが、彼にとってはいつまでも浅草に拘泥するわけにもいかず、次の新しい劇場の構想で、それどころではなかったのかもしれない。具体的には初の新宿への映画館進出で、すでに松竹館など六館あるところに、隣接した明治館がほどなく竣工し、七月中旬から東宝系の映画上映館になると新聞では報じる。劇場をめぐっての争いは、浅草で終わるわけではない。

東宝の日本劇場・帝国劇場の獲得

小林一三の初の外国行きは昭和十年九月十二日、浅間丸に乗船し、夕刻に横浜埠頭を出港したことはすでに述べた。日記に「十時、東宝劇場五階にて日劇合併臨時総会開会、十五分にて終了、地下東宝グリルにて送別の小会開催」と、この日も長期の旅を前にしてのあわただしい日程をこなす。簡略に記してはいるものの、日本劇場の合併が役員会で了承されたとしており、小林一三のかねての夢の実現でもあった。

日本劇場建設の当初は、小林一三は根津嘉一郎などとともに株の購入を求められ、関心を示していたとはいえ、設計内容から自分の考える劇場ではないと投資しなかったと伝える。工事は中断するなど難航し、大川財閥の大川平三郎の出資により、東京宝塚劇場が開場する直前の昭和八年十二月二十四日に、演劇と映画専門館として出発する。都心に見苦しい板囲いのまま曝《さら》しておきたくはないと、大川は竣工を急がせたという。大川は美観を優先し、劇場経営のあり方などについては意欲に欠けていたとされる。当初の役員に大株主の大川はもちろん、根津嘉一郎や小林一三の名もあった。日本劇場は、松竹の歌舞伎座・東京劇場と東京宝塚劇場の間にはさまれたような位置にあり、競合しながら戦略的にどのような企画運営をし、観客の動員をはかるのがよいのか、経営に闌《た》けた小林を取り込むのが得策と考えていたのであろう。

日本劇場は当初こそ勢いよくスタートしたとはいえ、巨大な収容人数の劇場だけに、それに見合う興行演目には苦労もしたようだ。冷暖房費だけでも二十九万円というだけに、維持管理費が庞大で、演劇の内容よりも、夏になると「日本劇場、東京一涼しい理由は?」と世間に問いかけ、すぐれた設備を詳細に宣伝するありさまだった。興行実績は芳しくなく、早くも昭和九年の夏には日活直営の劇場として再出発し、八月に大河内伝次郎《おおこうちでんじろう》「唄祭三度笠」、以後も「日活超大作」として山田五十鈴《いすず》「愛憎峠」、杉狂児《きょうじ》「花嫁日記」などと続けていく。もっとも当時の日活は会社の再建中で、資金的に余裕もなく、大株主であった大川平三郎は、かねて関心を示していた東宝と組むことにした。正式には十二月末に、日本映画劇場株式会社は東宝と三年間の委託契約を結ぶにいたる。

小林一三にとって浅草の土地を松竹に譲渡したのは悔しい思いがしたにしても、東京におけるアミューズメントセンター構想の一部が欠けたに過ぎなく、今度は待望の日本劇場の運営を手にすることになった。映画会社として、日本でもっと早く発足したのが日本活動写真株式会社(日活)である。昭和七年に社内の混乱で社員の大量解雇、経営悪化は九年にも続き、十年に社長となった堀久作は、財政再建の支援を東宝に求めるといった状況であった。日劇を引き受けた日活も経営には余裕もなく、東宝の強い意向を知った大川は、小林一三に運営を委ねることにした。

日劇の株主大川と東宝との契約は、日活との協議も充分になされないまま急いで結ばれたようで、このはざまで大きく躓《つまづ》いたのは日活の経営陣であった。日劇の活性化のためにと、鈴木源三郎専務が渡米し、バンテージ・ショーの昭和十年一月一日からの公演を取り付ける。十二月には、「金髪の美女が、紐育《ニューヨーク》の舞台をそのまゝ、ガラスの大タンクに湛《たた》へられた水の中を人魚のやうに遊舞する奔放な場面」と大々的な広告を打ち出し、日本初の水中バレーだと謳《うた》い、「前売申込殺到御礼」と人々の関心を煽《あお》る。公演が始まると、新聞でも「相当揃った米国のコーラス・ガールの肢体美の躍動」と写真入りで記事にするなど、それなりに評判になったようだ。

「第一回日米芸術交換」と称し、松井翠声《すいせい》の司会による水中ショーとアメリカ映画「極楽発展倶楽部」によって正月公演が始まる。一月十五日からはバンテージ・ショー「ハローニッポン」二十一景とワーナー社の映画「二千万人の恋人」、二月に入ると、「連日超満員」として「太平洋行進曲」全二十五景と、入江たか子主演の新興キネマ映画「貞操問題」の上映となる。ところが実情は評判と裏腹に、徐々に客の入りは悪くなり、しかも劇場側とバンテージ・ショー興行部との間で、賃貸支払い問題がこじれ、二月十四日から休演となってしまう。劇場前には休演にいたった事情を書いた紙を貼り出し、前売り券の払い戻しは日劇に責任があるとし、舞台公演を放棄してストに突入する（「東京日日新聞」昭和十年二月十六日）。

背景は複雑にからむようだが、日活、日劇、東宝の三者の意思疎通による行き違いもあった。アメリカで契約した劇団の賃貸料と、日本に訪れて告げられた費用とはまったく違っているというのだ。株主の大川と東宝との間で交わされた契約では、劇場の賃貸料が高く設定されていた。バンテージ側は、もとの安い料金で契約をしているため、これでは公演を続けても費用の支払いができないとの主張である。経営者が変更したための、行き違いというほかない。それに「連日満員」とありながら、実は観客の入りが悪く、収入も少なくなってしまい、劇団としては帰国する費用もなくなってしまうと訴える。

バンテージ・ショーの営業担当者が日劇と交渉しようにも支配人は雲隠れ、日劇の実権を握る大川平三郎に会見を要求しても拒否され、仕方なく出演をとりやめてストに突入してしまった。むしろ踊子たちは、日本を訪れての初の休日と喜び、午後は東京市内の見物に出かけてしまった。「東京朝日新聞」(同年六月二十一日)の後日談によると、劇団関係者とかかわる人物が、大川平三郎に費用の負担を強要したとかで、恐喝事件にまで発展してしまう。さまざまな騒動を巻き起こしながら、レビュウー団とは和解したのか、無事に帰国を果たしたと報じる。

日活は大きな失態をしながらも、日劇での映画の上映は続けていく。ただ経営は一向に改善されず、所有者もこれ以上は無理と判断したのか、東宝にすべてを譲渡することにした。東宝は劇場の運営ではなく、吸収合併の方針をとり、役員会での決議が小林一三の欧米へ出立する午前中であったという次第である。

小林一三は、かねて次のような言説を主張していた。

日本劇場というものがある。日本劇場は東京の中心にあるが、僕はあそこで、映画でなしに、いろいろの工夫をして月に一千万円黒字にしたいと思っている。事務所とかいろいろなものがあるが、みんなこれを整理する。屋上は、あのまわりをネオンサインで行けば、月に何百万円の広告料をとってみせる。今地下で三百五十万円の黒字です。こういうことをやると、あそこだけで月、五、六百万円の黒字になる。（「経営合理化の一例」）

東宝直営の劇場となった日劇の支配人には、秦豊吉を任命して後を託し、小林一三は海外への長い旅へと出かけた。帰国するまでの半年余の間、秦は日劇をすぐれた劇場に育てる必要に迫られ、日劇ダンシングチームの結成を考える。募集すると三百人の応募者があり、四十人を選考し、すぐさま舞台稽古を始め、翌年の一月からロケットガールの呼び名でショーを始める。小林一三が欧米の旅行から帰国したのは四月十七日、日劇ではダンスのショーがなされているのを知る。その成否はともかく、小林社長の承認も得ないままの勝手な振る舞いに、組織としては放置もできず、秦は支配人の任を解かれ、東宝の内部でしばらく冷遇の状態に置かれてしまう。

丸の内の一帯でもっとも伝統を持ち、由緒があるのが帝国劇場であり、国立ではないにしても、発足時からそれに近い存在であった。皇居に面する建物だけに、設計には慎重を要したとされ、演目もオペラ劇場としての経営であった。小林一三は明治四十五年（大正元）一月に「熊野《ゆや》」を見て感動し、それが宝塚少女歌劇発足の契機となったことはよく知られている。大正七年五月に、羨望すべき存在の帝劇の舞台で宝塚少女歌劇団が演じことは、小林にとって感無量の思いであった。その継続が、宝塚少女歌劇の東京進出へと展開したことは、もう繰り返すまでもない。

東宝が帝国劇場を獲得するにいたった経緯については、すでにさまざま論じられているので、ここでは概略を述べるにとどめる。大正十二年九月の大震災は、帝劇も一部焼失するが、公演は帝国ホテルの演芸場で継続する。全壊ではなかったため再建も早く、翌十三年十月二十日には改築記念興行が催され、ほどなく海外からも劇団を招くようになる。帝劇で宝塚少女歌劇の公演をした実績もあるだけに、イタリアオペラ、デニスショーといった大がかりな公演も、東京に続いて宝塚の舞台でも出演する。時代は映画の全盛期となり、無声からトーキーの隆盛へと移り、演劇に対する人々の嗜好も変化していく。帝劇の経営も悪化し、昭和五年一月から十年間の運営が松竹に委託される。松竹も当初は歌舞伎で再出発するが、千七百人の劇場だけに入場料はどうしても高くなり、観客の動員も思うにまかせなく、昭和六年十月の文楽での舞台を最後に、以後は洋画封切りの専門館となる。格式ある帝劇が映画館になったことへの批判も多かったとはいえ、洋画に字幕を入れる技術が発達し、話題作の上映、松竹映画の封切り、舞台公演も加えるなどして、劇場は順調に運営されていく。

小林一三は松竹の手に渡った帝劇の運営にかねて疑問をいだき、密かに株式の購入を進め、昭和十一年六月二十五日には帝国劇場株式会社の取締役として迎えられる。翌年の十二月に東京宝塚劇場は帝劇を吸収合併し、日本劇場とともに小林は一帯の劇場をすべて手中にするにいたった。

帝劇が東宝の傘下に入る見通しになったころ、小林の回想によると、上京する車中で偶然にも大谷竹次郎と出会い、昭和十四年末で契約満期となる帝劇を、松竹で運営させてほしいと依頼される。小林は、毎年二十万円の賃貸を支払うよりも、帝劇に預けてある保証金三十万円を用いて、松竹が計画している銀座の映画館を殿堂のように立派にし、東京劇場や歌舞伎座等を中心にした娯楽街にするほうがよいと勧めたという。

帝劇は東宝の所有になった後も、契約期間の終るまで松竹に貸与し、返済を受けた後、東宝直営館となった第一回公演は昭和十五年三月一日、宝塚少女歌劇雪組によって開演する。「名パイロット東宝を得て更生帝劇は最高芸能の殿堂へ！」と、東宝直営であると強調する。以後は新国劇、新劇、新歌舞伎と、映画館ではなく舞台劇場として運営されていく。帝劇は隣接する東京会館も所有していたため、合併によってそのまま会館も東宝に帰属することになり、これによって新たな活動の範囲が広がる。日比谷を中心とする丸の内街を掌握した小林一三のアミューズメントセンターの夢は、映画産業への本格的な参画もあり、東京だけではなく、全国各地の東宝系劇場作りへと展開していった。

一三　東宝の映画界入り

東宝の映画製作

小林一三が日比谷映画劇場を創立し、日劇を手に入れて映画の上映を積極的に進めたとはいえ、製作には関心を示していなかった。「東宝は映画の製作に乗出すだらうといふ想像から、いろ〳〵の話を持込んでくる。然し、私はいまだ嘗て映画の製作に興味を持つたことは無い」（「東宝」昭和十年二月）と断言する。同じ趣旨の発言は、他の随筆でも、座談会でも口にし、「映画産業は投機」の対象ではないという。経済的な視点からすると、劇場経営は邦画でも輸入映画でも、選択してヒットしそうな作品を上映することができるが、製作となると大半は赤字になり、投資するには危険すぎるとの思いによる。

株式会社写真科学研究所（通称P．C．L．）は、映画がまだサイレント時代の昭和七年六月に、トーキー技術を開発し、もっぱら録音を請け負う会社として北多摩郡砧村に設立される。Photo Chemical Laboratory の略称で、以降はＰＣＬの略称を用いる。小林一三は同じ甲州出身の植村澄《ちょう》三郎《ざぶろう》の求めもあり、息子泰二《やすじ》のPCL研究所に相談役として加わったことが、後の映画制作とのかかわりを持つようになる。

昭和七年七月三十日から開催されたロスアンゼルスオリンピック大会（第十回）で、PCLは朝日新聞社の製作するオリンピックニュース映画の録音を担当するが、やがてニュース映画との深いつながりとなった。日活もこの録音技術を求めて契約したため、PCLは事業拡大のため増資してトーキーステージを建設する。ところが日活はウエスタン録音システムと提携し、契約を一方的に破棄してしまい、PCLは設備をかかえて困窮してしまう。プロダクションに貸し出すなどして苦境を脱し、自主映画の製作にも乗り出し、最初の作品となったのが昭和八年八月上映の「ほろよひ人生」と「純情の都」であった。外国映画輸入を専門とする東和商事（現在は東宝の子会社）の映画部が配給元となり、洋画専門館と東宝系映画館で上映されることになった。評判はよかったとはいえ、一部の映画館に限られたため、収益をあげるほどではなかった。

ニュース映画館について触れておくと、東宝が日劇を所有するようになって後、地下を改装して千人ばかり収容のニュース上映館にしたのが最初であろう。地下の巨大な柱二十四本を抜き取り、鉄の大きなアーチで支えた空間を作った。すでに日比谷映画劇場では昭和九年二月から「東宝発声ニュース第一輯」として余禄のように上映していたが、これを専門にしたのが日劇の地下劇場であった。世界のニュースや時事、短篇の記録など、都会のサラリーマンには短時間で安く、気軽に見ることができた。昭和十二年に東宝との共同で朝日映画社が誕生したのも、オリンピック競技の製作の縁による。

映画制作にはかかわりたくない小林一三は、PCLの動きについて、先の随筆で次のように述べる。

私個人として利害関係もあり、又相談役をしてゐるPCLの製作所に於ても、撮影部を設けて映画事業も開始しようといふ原案が現はれた時、私は断然反対した。それが為めにPCLの連中は、不得已《やむをえず》、個人のポケットマネーをあつめて一二本とつて見たいといふので、それを拒む理由はない。御曹子の道楽ならば、それも経験でよからうと、門外漢に居つた位であつて、結局予想の如く損をする。

植村澄三郎のバックがあるにしても、小林は息子泰二の映画作りに断固反対はするが、これも会社経営の「道楽」と思って推移を見守る。予想した通りの結果となったとはいえ、昭和八年十二月に保有する設備を用いての、新しいPCL映画制作所が発足し、小林一三はそのまま相談役として就任する。第一回映画が昭和九年一月に木村荘十二《そとじ》監督「只野凡児《ただのぼんじ》・人生勉強」、三月には榎本健一一座との提携による山本嘉次郎《かじろう》監督「エノケンの青春酔虎伝」であった。とりわけエノケンは浅草オペレッタの人気者、一座総出演という映画初出演で、藤原鎌足等が脇役を固める。これがヒット作品となり、その年だけでも八本の製作、翌年には十六本と本数を増やしていくが、上映する映画館は限られていたため、独自の配給部を新設することになる。

いかにも順調に進んでいるようだが、昭和十年二月の段階で、小林一三は「まだ〳〵此会社の映画撮影の仕事は赤字である。いつになつたならば利益を見ることが出来るだらうか、此儘《このまま》では一寸見当がつかないのである」と心配もする。日本劇場の合併に終止符を打ったとはいえ、課題は山積したまま、小林一三は九月十二日にアメリカへ向けて乗船する。十九日にはホノルル着、二十一日は岡譲二主演映画「日像月像」を見るが、「日本映画はどうしてこう下手だらう、外国映画の十分の一にもおよばない」と慨嘆し、「この種の映画を見ると、私は何んだか自分が責任を負はされてゐるやうな心持になつて困る」と吐露する。これからはトーキー映画の時代が訪れるとの信念から、映画館を全国に展開する構想を持ちながら、上映するのが洋画だけでは不足するため、質のよい邦画作りも進めなければならないと、小林は日本の映画界の現状に危惧もする。アメリカのパラマウント、フォックスの映画会社の視察、多くの劇場での映画、演劇の舞台を見、ヨーロッパに渡っても数々の演劇に触れるにつれ、製作から上演にいたる一貫した流れの必要なことを痛感する。小林にとって、映画制作には関心がないと主張していた心は、このたびの海外旅行で少しずつ変化を見せてくる。

九月二十一日の日記に、小林一三の次のような記述を目にする。

植村澄三郎氏弁にPCLより電報、PCLの増資株を予定の如く東宝側にて引受けてほしいといふのである。私はPCLが其借入金を返済し、且つ必要なる資金を増資によってこしらへやうとするならば、其増資株は勿論引受ける。然し増資してもまだ借入金を残す方針であるならば東宝としては債権者の側に立つ方が利益であるから、寧ろ貸金をして必要な資金を提供する方がよいといふ意味を、吉岡君迄返電した。

PCLは映画制作本数を増やすため、東宝に増資をしてほしいとの話があり、具体化する前に小林は洋行へと向かった。そこにPCLからの電報があり、小林は増資して経営者側となるか、その資金

「百万人の合唱」ＪＯスタジオ新聞広告「東京日日新聞」昭和９年12月24日

でも赤字が解消できなければ、むしろ東宝は債権者の立場のほうが有利なのか、専務取締役の吉岡重《じゅう》三郎《さぶろう》（後の東宝社長）に検討するよう打電する。結果として増資をすることにより、小林一三はＰＣＬの経営者として参画し、映画制作の道を歩み始めることになる。

　ＰＣＬと同じような動きをしていたのが、京都太秦で昭和九年に生まれたＪＯスタジオの存在で、夏川静江主演の音楽映画「百万人の合唱」は、昭和十年の新春に公開されて大ヒットする。映画制作会社としては、早くから実績を持つ松竹、新興キネマ、大都映画、急成長してきたＰＣＬ、それ以外にも東亜キネマ、帝国キネマなどと並ぶが、中でもＪＯスタジオの存在は、技術も持っただけに注目される。昭和十一年には日独提携による「新らしき土」の製作、日本側の監督は伊丹万作が任に当たり、早川雪洲、原節子等が出演し、翌年二月に東和商事を通じて全国に配給され、多くの観客動員となった。

東宝は各地に系列の映画館が生まれるにつれ、ＰＣＬの製作だけでは上映する映画が不足となり、洋画・邦画を配給するため、昭和十一年六月に、東京宝塚劇場、ＰＣＬ、ＪＯスタジオの三者共同出資による東宝映画配給株式会社の設立となり、ここに〈東宝ブロック〉と呼ばれる組織が生まれる。これに対して、松竹、日活、新興キネマ、大都映画の四社は、俳優、監督、技術の移籍を守る協定を結び、東宝ブロックと対立する。このあたりについては、各社によってさまざまな事情があり、公平な判断は困難だが、ともかく四社は東宝系の映画上映を拒否して、配給先の映画館も同調し、東宝ブロックの映画上映館は十七館になってしまった。全国の映画館としても、映画作品の大半を占める四社から配給を受けなければ、経営が成り立たなくなるため、圧力によって東宝系の映画の上映をとりやめたのである。

昭和十二年九月に東宝ブロックは統合して東宝映画株式会社の創立となり、四社協定に参加するのではなく、自主独立の道を選び、「東宝映画は良くて、安い」をスローガンに宣伝に努め、小林一三は全国に系列映画館の設立をめざしていく。各地の駅前にある池を買い取り、水を抜いて映画館の敷地にした。地面を掘り下げる必要もなく、柱を立てて壁や屋根を葺くだけで劇場となり、入場料も安くできる工夫だという。一本の映画の上映料は六千円、映画館にとっては客の入る映画でなければ困るし、継続的に配給を受ける必要があった。劇場主の費用負担を軽くし、東宝映画の安定した供給先を開発する必要がある。各映画会社は、俳優の争奪から製作、配給にいたる激しいせめぎ合いが続く。

興行界にとっては戦争という厳しい時代の訪れを迎え、映画制作に不可欠な生フィルムの配給制度などもあり、昭和十八年八月三十日に、東京宝塚劇場と東宝映画とが合併し、新しく東宝株式会社が誕生する。

映画会社が互いに競合していた時代は、映画会社の俳優たちも苦難続きで、自ら所属を求めて動き、宝塚少女歌劇出身の小夜福子が松竹に引き抜かれる一方では、東宝も松竹から俳優を引き抜くなどの争奪戦も生じる。いずれの会社も銀幕のスターを求め、ニューフェイス探しに躍起になるが、東宝は宝塚少女歌劇源を持つだけに、女優の供給としては話題性を持ち有利な立場にもあった。新聞では「宝塚ガール、続々映画へ出演」とし、JOでの「南国太平記」(昭和十二年)には大河内伝次郎の相手役に桜町公子《さくらまちきみこ》を起用し、「宝塚スターの銀幕進出の扉を開いた」と報じられ、草笛美子《くさぶえよしこ》、雲野かよ子も準備中という。今日では宝塚歌劇退団後に映画や舞台に出るのが一般的だが、当時はいずれも生徒のままであり、終わると宝塚の舞台に立ちもする。

俳優たちの流動も相次ぎ、東宝には大河内伝次郎、入江たか子、原節子といった人々が集まり、さらに昭和十二年十月十三日の夜、大スターの長谷川一夫(林長二郎)が松竹から東宝入りを表明したことで映画会社には動揺が生じる。不安な思いが事件となったのは十一月十二日、東宝の京都撮影所の門前で、長谷川一夫が暴漢に襲われ、左頬に傷を負ってしまった。俳優の意思をないがしろにした会社側の拘束は、事件の発生にもなりかねないと、四社協定は破棄されることになる。それ以上に現実は厳しく、映画制作の物資が不足するだけではなく、「映画事業臨戦体制」の名のもとに映画は国家の管理下に置かれ、劇場は軍部に接収されるという時代へと突入する。

戦後の東宝復活

戦時中は軍部の指令で多くの劇場が閉鎖に追い込まれ、帝国劇場と有楽座は都市防衛局に、東京宝塚劇場と日本劇場は陸軍の風船爆弾工場となり、東京会館は大政翼賛会に徴用され、宝塚大劇場は海軍航空隊の宿舎になるなど、すっかりかつての面影はなくなってしまう。やがて都市は空襲によって被災し、多くの建物が焼失するという景観の変化、小林一三が営々と築き上げた劇場も大半を失い、焼け残った建物も別の用途に占有されてしまう。東京宝塚劇場は米軍に接収され、日本人立ち入り禁止の進駐軍専用アーニー・パイル劇場となり、返還されたのは十年後であった。戦後は残された劇場で、宝塚少女歌劇から宝塚歌劇と名を改めて再出発、東宝映画も演劇も編成し直すなどして継続されていく。

宝塚歌劇がもっとも早く舞台に立ったのは、敗戦直後の八月十七日の京都宝塚劇場、続く十八日の宝塚映画劇場におけるアトラクションだったであろう。その後徐々に上演され、十月二日の大阪北野劇場では、小林一三の日記に「新開業宝塚歌劇月雪花合同公演を見る」と、すでに復活のきざしを見せる。昭和二十一年四月二十二日には、「本日は、宝塚大劇場が再び昔に返る初舞台に招待を受けた」「久しぶりの絢爛《けんらん》の絵巻物を見る」と、宝塚歌劇の出発を喜ぶ。東京宝塚劇場が米軍から返還されたのは昭和三十年一月、改装して四月十六日に星組の「虞美人草」で再出発となる。

小林一三は昭和十五年七月に第二次近衛内閣の商工大臣となり、戦後の二十年十月には幣原《しではら》内閣の国務大臣、翌月には戦災復興総裁に任命される。これによって二十一年三月に公職追放となり、解除されたのは二十六年八月、この間、表立って活動ができないだけに、東宝をめぐるさまざまな再建に直接関与できず、世の激しい変化を前にして平静を保つためなのか、茶の湯に無心になり、古美術の愛好に向かいもする。

小林一三がもっとも心を痛めたのは昭和二十一年三月に端を発した東宝映画の争議で、二十三年十月十八日に終結するまで、第三次にわたっての大混乱だった。東宝の組合員だけではなく、他からの労働者の参加もあり、砧《きぬた》撮影所はいわば戦後の社会主義運動の拠点にまで変質し、妥結の見いだせないまま紛糾を重ね、第三次争議ではストによるバリケード前に進駐軍騎兵一個中隊、戦車七台、航空機三機まで登場するありさまだった。映画の製作ができなくなり、組合を脱退した大河内伝次郎、長谷川一夫、原節子などは「十人旗の会」を結成し、株式会社新東宝映画制作所の発足に参加する。東宝の映画制作の苦境時に、映画の供給をしたのが新東宝であり、宝塚映画、後には東京映画も発足するが、これについては煩雑になるのですべて割愛する。

小林一三が東宝の社長に再就任したのは、公職追放の解除を受けた二か月後の十月、翌年十月には欧米の映画視察に向かい、十二月には帰国する。昭和三十年に辞任し、息子の富佐雄《ふさお》に譲るまで、映画に演劇に次々と新風を吹き込む。全国に東宝直営館を百館にし、製作から配給を一貫した流れにし

日比谷のゴジラ像（撮影＝著者）

たのもこの頃である。テレビの普及する前の映画全盛期というだけではなく、すぐれた俳優や監督、舞台人、演出家にも恵まれた。宝塚歌劇では春日野八千代、演劇では菊田一夫、映画では監督の黒澤明、俳優の三船敏郎等々、人の育て方なのか人徳なのか、不可思議な存在の、経営には厳しい企業人であり、文化人でもあった。

小林が社長時代の作品として注目されるのは、昭和二十七年十月「生きる」、二十九年五月「七人の侍」、十一月の「ゴジラ」で、いずれも大ヒットする。「生きる」はベルリン国際映画祭銀熊賞、「七人の侍」はヴェニス国際映画銀獅子賞を受賞し、「ゴジラ」はその後シリーズ化され、アメリカでも映画化されるなど、国際的な知名度を得る。小林の昭和二十九年五月五日の日記に、『七人の侍』の如き三時間以上の息づまる映画（と宣伝されてゐる）」と、大阪の北野劇場で見たことが記される。前年の八月には東宝砧劇場で「七人の侍」について書き、撮影現場にもしばしば訪れ、進行状況にも関心を示していた。翌年の五月一日には「ゴジラの逆襲」についても触れているので、評判になった「ゴジラ」は当然見ていたはずである。

当時の映画は一週間ごとに新作が上映され、一本は一時間から一時間半、撮影も一週間足らずで終了する作品もあったほどだという。人々は映像に飢え、芸術性などよりも娯楽が優先しただけに、通常の映画館では二本立て、短めの作品も加えて三本立てで上映される。小林はこのような状況を批判し、「毎週一本を新作上映というがごとき商習慣は、粗製乱造に陥るにきまっている」とし、「それでもなほあき足らず、一週新作二本上映というがごとき業界の傾向」は長く続くはずがないと断ずる。東宝としては犠牲を払ってでも、黒澤明の「七人の侍」とか山本嘉次郎の「花の中の娘たち」のような、年に一本か二本の充分に準備した快作に専心したいと述べる。

小林一三が「朝日新聞」や「毎日新聞」等の新聞に記した「七人の侍」の広告文は、長文を掲載するのも異例ながら、今後の映画制作のありようの意図を込めたメッセージだけに、次にそのすべてを引用しておこう。「東宝株式会社取締役社長　小林一三」とし、「その成果を信ずる」とした自分の顔写真いりの一文である。

三歳に亙る慎重な準備の後、昨年三月製作開始以来一年有余、延三万三千余名の人々が営々と取り組んだ「七人の侍」は、野武士の屯《たむ》ろする山寨《さんさい》を侍が襲撃、火を放つ大オープンセットの撮影を最後に全部終了、近日公開する運びになりました。

このように長期間、しかも継続して製作された作品は日本映画では初めてのことで、黒沢監督始め製作スタッフ、出演者の真摯な努力に敬意を捧げるものですが、黒沢監督をしてこの偉業をなしとげさせたものは、常に変らぬファンの皆様の熱意あふれた御支持の賜に他なりません。

製作費二億一千万円、使用フイルム十三万呎《フィート》、出場馬匹三千余頭等々、映画企業の常識では想像に絶する膨大な経費と血のにじむ努力、識者の方々から期待を寄せられた興味無尽の作品内容、この両者が相俟《あいま》って十二分に皆様の御期待に添い得る作品となったことを、確信をもって御報告申上げる次第です。

何卒《なにとぞ》、公開の際は是非御覧下さいまして、忌憚《きたん》なき御批判を賜わりますよう、完成の御挨拶旁々《かたがた》御願い申上げます。

映画の企画から撮影現場を目にしてきた小林一三には、従来の日本の映画とは異なる、視察して目にした欧米の映画に匹敵する製作方法であり、長期間の上映にも耐えられる新しい作品と期待したことであろう。国内だけで通用する映画作りではなく、世界と同等に向き合い、家族で楽しめる作品にすることが、演劇だけではなく映画においても意図するところであった。

小林一三の劇場への夢は、日比谷のアミューズメントセンターだけではなく、浅草への進出を企てて潰《つい》えると、すぐさま昭和十二年二月に錦糸町駅前の汽車会社の工場跡地五千坪を購入すると、十二

「七人の侍」の新聞広告「毎日新聞」昭和30年4月15日

月には江東劇場、本所映画館の開場、翌年四月には江東花月劇場を吉本興業に貸与、ほかにもローラスケート場、遊具施設を置き、サーカス、動物曲芸、漫才大会等さまざまな企画を打ち出し、娯楽とは縁遠かった下町にレジャーランド施設の出現をめざす。戦災で焼失した劇場はすぐさま再建し、東京宝塚劇場が使用できない時期は江東劇場で宝塚歌劇公演をするなど、その活動は多彩であった。

浅草進出は諦められなかったようで、昭和二十六年には浅草六区にあった瓢箪池千坪を購入する。瓢箪池の名所として知られていたのが凌雲閣（十二階）で、空襲で焼失し、浅草寺としては五重塔の再建のためにも資金を必要とした。昭和二十七年九月には、待望の浅草宝塚劇場と浅草地下劇場ができあがる。池の水を抜き、杭を打つことなく空洞を地下劇場にし、その上に千二百人収容の劇場を建てるというのだ。小林一三の経済的な発想で、船を浮かべた構造にするというのだが、軟弱な地盤のため、建物が不等沈下し、地下には亀裂が生じるという危機に見舞われる。対策と修復には大変な苦労と費用がかかったようで、さすがに小林流の建物も失敗したというエピソードである。

昭和二十五年七月から八月末の二か月、新宿で「東京産業文化博覧会」が催され、戦後復興の時期でもあるだけに、大勢の観客であふれたという。四千八百八十坪という跡地の購入に小林一三は動いたが、会場のバラックと一括して一億一千三百万円余というので、高額すぎて話は流れてしまう。昭和二十七年十月に小林が欧米へ旅立つ直前に、更地になっていた土地千六百六十二坪だけの購入で地主と話がつき、これが昭和三十一年十二月二十八日竣工の新宿コマ劇場となった。その直前の十一月には、梅田コマ劇場もオープンした。

昭和三十一年十二月二十八日の新宿コマ劇場の開場式に出かけてあいさつをし、翌日は東宝事務所に寄って用件を済ませ、夜には東宝のパーティーに出席する。「盛況也。池部と森繁両君に強要されて一場の私の夢を語る」と、池部《いけべ》良《りよう》と森繁久彌《もりしげひさや》に勧められて「私の夢」を語ったとする。三十日の夕刻大阪に戻り、新年の一月四日には東宝に出社して梅田コマ劇場を見て帰宅、八日は宝塚歌劇、十日も東宝支社に出かけたとし、その後は一行か数文字、十九日を最後に日記は閉じられる。小林一三が生涯を終えたのは、二十五日の深夜近く、八十四歳だった。箕面有馬電気軌道鉄道の会社から出発し、宝塚少女歌劇を生み、日比谷でのアミューズメントセンターの夢を着実にし、劇場は大阪だけではなく浅草から新宿へ、さらに日本各地へと展開し、映画作りに邁進したという畏敬すべき生涯だったといえる。「私の夢」とは何だったのか、小林にとって充足する思いなどなく、次の新しい演劇映画の世界に心は馳せていたのであろう。

昭和26年	1951	東宝社長就任(10月)
27年	1952	欧米映画視察(10月)、12月帰国
29年	1954	映画「七人の侍」(5月)、「ゴジラ」(11月)
30年	1955	東宝社長辞任、相談役(9月)
31年	1956	梅田コマ・スタジアム(11月)、新宿コマ・スタジアム(12月)
32年	1957	小林一三逝去(1月25日、84歳)

東宝及び小林一三関係年表

明治40年	1907	帝国劇場開場(3月)
43年	1910	箕面有馬電気軌道鉄道営業開始(3月)、箕面動物園開園(11月)
44年	1911	箕面公会堂(4月)、宝塚新温泉(5月)
大正元年	1912	宝塚パラダイス落成、室内プールオープン(7月)
2年	1913	宝塚唱歌隊結成(後に宝塚少女歌劇団、7月)
3年	1914	宝塚少女歌劇第1回公演「ドンブラコ」「浮かれ達磨」(4月)
7年	1918	宝塚少女歌劇帝国劇場初公演(5月)
8年	1919	雲居浪子と坪内士行結婚(7月)
9年	1920	松竹キネマ設立(2月)
10年	1921	大阪中座改築(1月)、大阪松竹歌劇部発足(後に松竹少女歌劇、9月)
12年	1923	宝塚劇場消失(1月)、宝塚中劇場竣工(3月)
13年	1924	宝塚大劇場竣工(7月)
14年	1925	阪急百貨店、ターミナルデパート開業(6月)
昭和元年	1926	宝塚国民座結成(4月)
2年	1927	東京電燈株式会社取締役(7月)
5年	1930	松竹、帝国劇場の経営(1月)、宝塚国民座解散(11月)
7年	1932	東京電燈株式会社社長(11月)、東京宝塚劇場地鎮祭(12月)
8年	1933	日本劇場開場(12月)
9年	1934	東京宝塚劇場開場(1月)、東宝劇団結成(同)、日比谷映画劇場開場(2月)、東宝小劇場開場(9月)
10年	1935	東宝の浅草での劇場建築計画、後に松竹に譲渡(5月)、有楽座開場(6月)、花柳界との対立(同)、日本劇場を東宝に吸収合併(8月)、欧米視察渡航(同)、翌年4月帰国
11年	1936	東京宝塚劇場、PCL、JOスタジオの三者により東宝映画配給株式会社設立(6月)
12年	1937	錦糸町に江東楽天地設立(2月)、松竹は、東宝から譲り受けた浅草の土地に国際劇場開場(7月)、東宝映画株式会社創立(9月)、東宝は帝国劇場を吸収合併(11月)
15年	1940	日伊修好でイタリア訪問(4月)、第二次近衛内閣商工大臣(7月)、翌年4月辞任
20年	1945	幣原内閣国務大臣(10月)、戦災復興院総裁(11月)
21年	1946	公職追放(3月)、26年8月に公職追放解除、東宝争議(3月)、23年10月争議妥結
22年	1947	新東宝映画製作所発足(3月)

富岡多恵子『万才作者　秋田実』（1986年７月　筑摩書房）
永井聡子『劇場の近代化　―帝国劇場・築地小劇場・東京宝塚劇場―』（2014年３月　思文閣出版）
中川右介『松竹と東宝』（光文社新書、2018年８月）
那波光正『小林一三翁が遺されたもの』（昭和44年１月　文芸春秋）
秦　豊吉『劇場二十年』（昭和30年12月　朝日新聞社）
嶺　隆『帝国劇場開幕』（中公新書1996年11月　中央公論社）
向井爽也著『にっぽん民衆演劇史』（昭和52年７月　日本放送出版協会）
四方田犬彦『日本映画史110年』（集英社新書2014年８月　集英社）
渡辺　裕『宝塚歌劇の変容と日本の近代』（1999年11月　新書館）

上記の他に小林一三の著作『小林一三全集』『小林一三日記』『宝塚漫筆』『逸翁自叙伝』『私の行き方』『次に来るもの』、多数の小林一三の伝記類、『小林一三翁の追想』を参考とした。また、東京宝塚公演についての「宝塚少女歌劇脚本集」、「東京宝塚劇場新装開場記念」のパンフレット、シリーズで出された「帝国劇場絵本筋書」、「歌劇」「歌舞」「山容水態」「新演芸」「新家庭」「東宝」「花形」「宝苑」など各種の雑誌、新聞等を用いた。

参考文献

『宝塚少女歌劇廿年史』(昭和８年７月　宝塚少女歌劇団)
『宝塚歌劇五十年史』(昭和39年５月　宝塚歌劇団)
『宝塚歌劇90年史』(2004年４月　宝塚歌劇団)
『宝塚歌劇100年展』(2014年３月　日本経済新聞社)
『東宝十年史』(昭和18年12月　東京宝塚劇場)
『東宝二十年史抄』(昭和29年11月　東宝株式会社)
『東宝三十年史』(1963年１月　東宝株式会社)
『東宝五十年史』(昭和57年11月　東宝株式会社)
『東宝75年のあゆみ』(2010年４月　東宝株式会社)
『阪神急行電鉄二十五年史』(昭和七年十月　阪神急行電鉄株式会社)
『100年のあゆみ　通史』(2008年３月　阪急阪神ホールディングス株式会社)
『東京電力三十年史』(昭和58年３月　東京電力株式会社)
『江東楽天地20年史』(昭和32年３月　江東楽天地二十年史編纂委員会)
『OS　70年のあゆみ』(2017年７月　オーエス株式会社)
『帝国劇場100年のあゆみ』(2012年12月　東宝株式会社)
『歌舞伎年表』(昭和38年５月　岩波書店)
『松竹八十年史』(昭和50年７月　松竹株式会社)
大久保源之丞『百人が語る巨人像・大谷竹次郎』(昭和46年　同刊行会)
大笹吉雄『日本現代演劇史』(1994〜1998年　白水社)
大原由紀夫『小林一三の昭和演劇史』(昭和62年２月　演劇出版社)
岡田　晋『日本映画の歴史』(1967年９月　ダヴィッド社)
小野晴通『宝塚春秋』(昭和23年９月　宝塚歌劇団出版部)
小幡欣治『評伝　菊田一夫』(2008年１月　岩波書店)
神山　彰『商業演劇の光芒』(2014年12月　森話社)
倉橋滋樹・辻則彦『少女歌劇の光芒』(2005年８月　青弓社)
斎藤忠夫『私の撮影所宣伝部50年　東宝行進曲』(昭和62年２月　平凡社)
佐藤忠男『日本映画史』(1995年３月　岩波書店)
高尾亮雄『大阪お伽芝居事始め』(1991年８月　関西児童文化史研究会)
田中純一『日本映画発達史Ⅱ　無声からトーキーへ』(昭和55年３月　中央公論社)
田中純一『日本映画発達史Ⅲ　戦後映画の解放』(昭和55年４月　中央公論社)
坪内士行『越しかた九十年』(昭和52年４月　青蛙房)
徳永高志『劇場と演劇の文化経済学』(2000年11月　芙蓉書房)
戸ノ下達也『日本の吹奏楽史』(2013年12月　青弓社)

あとがき

宝塚歌劇が創立百周年を迎えた二〇一四年は、舞台公演から展示、講演会などさまざまなイベントでにぎわったが、それから早くも五年が過ぎた。日本の演劇において能、狂言、文楽、歌舞伎といった伝統芸能はさておき、近代に発足して百年の歴史を持ち、今なお人気が衰えないという演劇集団は、ほかに例がない。歌舞伎などもそうなのだが、とりわけ宝塚歌劇は時代に即応しながらその先を歩み、絶えず自己革新を課して成長し続けていく。

たまたま阪急文化財団に身を置いていた私は、それまで研究をしてきた専門分野と異なるとはいえ、夢の舞台を披露してきた歩みには無関心でいられない。世の中は百周年の話題で沸騰し、宝塚歌劇関連の出版物は、それまで以上に出されたとはいえ、内容はもっぱら時のスターや人気となった作品が追いかけられる。宝塚少女歌劇の発足からの歩み、創設者小林一三の演劇への思い、それらが日本の演劇史や文化史にどのように位置づけられるのか、といったことにはあまり言及されないのが実情である。

一九一〇年（明治四三）年に箕面有馬電気軌道鉄道が開通し、梅田から箕面と宝塚に電車が走るようになる。一九一四年（大正三）四月に、集客のため宝塚新温泉のパラダイスにプールが設置されていたが、水の冷たさから断念し、床に板を敷いて客席とし、脱衣場を舞台にしたのが、宝塚少女歌劇の第一回公演だったという説が、今なお信じられて流布する。〈プールから舞台へ〉というユニークな転換の発想が、いかにも小林一三らしいと称えられるのだが、パラダイスの建物は、当初から劇場・公会堂兼プール使用の設計であった。

おもしろい逸話であるにしても、真実は明らかにすべきだろうと、宝塚少女歌劇の公演方式、舞台にしたお伽劇などの源流へと遡及し、箕面動物園に設けられていた野外演芸場翠香殿の位置づけ、関連してくる巖谷小波、川上音二郎等の御伽倶楽部の活動にも触れざるを得なくなる。このあたりをまとめたのが、『小林一三は宝塚少女歌劇にどのような夢を託したのか』(二〇一七年、ミネルヴァ書房)であった。ただここでは初期の宝塚少女歌劇について記しただけで、その後の姿まではいたらなかった。

未消化の思いのまま、『源氏物語』の出版原稿にとりかかるなどして、宝塚歌劇については次のステップへ踏み出すきっかけがつかなかった。宝塚少女歌劇のその後の展開を、文化史の中に位置づけるにしても、どのような見取り図のもとに書くのがよいのか、たんなる歴史叙述ではあまり意味がない。そこで思いついたのが、その先にある演劇映画の東宝の存在だった。

私が、「ゴジラ」の映画を見たのは十三歳の中学二年生の時である。地方都市なので、封切ではなく数か月遅れての上映だったのであろう。迫力のある強烈な印象だっただけに、帰宅する道すがら、夕暮時だったが、近くの山のあたりからゴジラが出現するのではないかと、不安な恐ろしさを覚えた。それが東宝映画と認識したのは、ずっと後になってのことである。中学・高校時代の昭和三十年代は映画の全盛時代、学校からの帰りにはよく寄ったものだ。とくに洋画に関心が高く、封切館ではなく三番館の映画館で、三本立て五十五円というのを週に一度は見ていた。一九六〇年（昭和三五）には、邦画の製作本数五四七本という最多、まさに映画全盛時代が訪れたが、やがてテレビの普及にともない減少していく。

宝塚少女歌劇が東京に進出し、東京宝塚劇場の竣工となり、そこから略称した〈東宝〉の演劇、映画への活動となる。小林一三は劇場ができたのにもとない、大阪に対して「東」の「宝」と称するが、それはともかく、新興勢力の東宝が、日比谷を拠点にし、日比谷映画劇場、有楽座、さらには日劇、帝劇まで傘下に収めるという、一大勢力を占めてアミューズメントセンターの実現へと向かう。やがて映画の製作にも参画し、劇場も錦糸町、浅草、新宿にまで拡大していく。宝塚少女歌劇からどのような軌跡を経て映画の世界に踏み込み、思い出深い「ゴジラ」までたどったのか、私の想念にはやっと書き進める構想が浮かび上がった。

劇場や映画の話題に向かうと、資料は膨大になり、研究者だけではなく、監督、演出家、俳優の立場からの著作も多い。小林一三との関係からだけでも、川口松太郎、秋田実、菊田一夫、大河内伝次郎、古川緑波等数えるときりがなく、資料も残されるが、問題が拡散するためすべて省略に従う。

本書をまとめるにあたっては、阪急文化財団の資料を多く用いたが、関係する各位に感謝を申し上げる。また、出版にあたっては、ぺりかん社編集部の小澤達哉氏にお世話になったことを、心から御礼を申し上げる。

二〇一九年九月　　　伊井　春樹

著者略歴

伊井 春樹（いい はるき）

1941年愛媛県生。広島大学大学院博士課程、文学博士。

大阪大学大学院教授、国文学研究資料館長、阪急文化財団理事・館長を経て、現在は大阪大学名誉教授、愛媛県歴史文化博物館名誉館長等。

著書に、『源氏物語注釈史の研究』（1980年、桜楓社）、『ゴードンスミスの見た明治の日本』（2007年、角川学芸出版）、『源氏物語を読み解く100問』（2008年、ＮＨＫ出版）、『小林一三の知的冒険』（2015年、本阿弥書店）、『大沢本源氏物語の伝来と本文の読みの世界』（2016年、おうふう）、『小林一三は宝塚少女歌劇にどのような夢を託したのか』（2017年、ミネルヴァ書房）、『光源氏の運命物語』（2018年、笠間書院）等多数。

装訂……菊地信義

宝塚《たからづか》歌劇《かげき》から東宝《とうほう》へ
小林一三のアミューズメントセンター構想

2019 年 11 月 30 日　初版第 1 刷発行

著　者　伊井 春樹

発行者　廣嶋 武人

発行所　株式会社 ぺりかん社
〒113-0033 東京都文京区本郷 1-28-36
TEL 03(3814)8515
http://www.perikansha.co.jp/

印刷・製本　モリモト印刷

Printed in Japan

ISBN 978-4-8315-1548-3

世阿弥がいた場所	天野文雄著	八六〇〇円
歌舞能の系譜	三宅晶子著	五八〇〇円
歌舞伎の幕末・明治	佐藤かつら著	七五〇〇円
明治の歌舞伎と出版メディア	矢内賢二著	四五〇〇円
長谷川伸の戯曲世界	鳥居明雄著	三五〇〇円
知の劇場、演劇の知	岡室美奈子編	三四〇〇円

◆表示価格は税別です。